MAX LÜTHI

SO LEBEN SIE NOCH HEUTE

Betrachtungen zum Volksmärchen

3. Auflage

V&R

VANDENHOECK & RUPRECHT IN GÖTTINGEN

Max Lüthi

Dr. phil., geboren am 11.3.1909 in Bern. Studium der Germanistik, Anglistik und Geschichte. 1936 – 1968 Deutschlehrer in Zürich. 1968 – 1979 a.o. Professor für Europäische Volksliteratur an der Universität Zürich. 1979 Pensionierung und Ernennung zum Honorarprofessor. – Zahlreiche Veröffentlichungen, Zusammenstellung der Buchveröffentlichungen auf S. 131.

CIP-Titelaufnahme der Deutschen Bibliothek

Lüthi, Max:
So leben Sie noch heute: Betrachtungen zum Volksmärchen /
Max Lüthi. – 3., unveränd. Aufl. –
Göttingen: Vandenhoeck u. Ruprecht, 1989
(Kleine Vandenhoeck-Reihe; 1294)
ISBN 3-525-33400-1
NE: GT

3., unveränderte Auflage 1989

Kleine Vandenhoeck-Reihe 1294

Umschlag: Hans Dieter Ullrich — © 1989, 1969, Vandenhoeck & Ruprecht in Göttingen. Printed in Germany. Ohne ausdrückliche Genehmigung des Verlages ist es nicht gestattet, das Buch oder Teile daraus auf photo- oder akustomechanischem Wege zu vervielfältigen.
Gesamtherstellung: Hubert & Co., Göttingen.

INHALT

Vorwort 5

Die Bilder des Märchens 7

Die Erzählweise des Volksmärchens 21

Die sieben Raben 39

Schneewittchen 56

Der Teufel mit den drei goldenen Haaren 70

Der dankbare Tote 85

Kluges Gretel, Hans im Glück und Kluge Else . . . 101

Von der falschen und der rechten Braut, vom Tierkind
und vom Tiergemahl 117

VORWORT

Wenn der Märchenerzähler seine Geschichte mit den allbekannten Worten „Und wenn sie nicht gestorben sind, so leben sie noch heute" beendet, so nimmt er ironisch Abstand von dem soeben Erzählten. Mit einem Augenzwinkern gibt er zu verstehen, daß er nicht von wirklichen Menschen und Geschehnissen gesprochen hat. Doch schwingt in seinen Worten zugleich etwas anderes mit: Die Gestalten des Märchens sind zwar nicht individuelle Personen, die irgendwo leibhaftig ihre Zeit gelebt haben. Aber gerade deshalb „leben sie noch heute". Sie stehen außerhalb der Zeit, sie repräsentieren den Menschen als solchen. Die Handlung des Märchens spiegelt seelische und gesellschaftliche, innermenschliche und zwischenmenschliche Vorgänge, die jeden von uns angehen, heute wie ehedem. Märchen geben ein Bild des Menschen und seiner Beziehung zur Welt.

In unserer Zeit hat die berühmte Schlußformel zudem einen neuen Sinn bekommen. Sie gilt nicht nur für die Märchenfiguren, sondern auch für die Märchen selber. Früher wurden Märchen im Kreise der Erwachsenen erzählt, sie gingen von Mund zu Mund, übertrugen sich von Generation zu Generation, von Land zu Land. Heute ist diese mündliche Tradition in Europa fast völlig verklungen. Und doch sind die Volksmärchen keineswegs gestorben: als Buchmärchen leben sie noch heute. Die Kinder- und Hausmärchen der Brüder Grimm sind das meist übersetzte deutschsprachige Buch. In ihrem Gefolge sind ungezählte andere Sammlungen von Volksmärchen erschienen, zum Teil mit dem gleichen Titel, so vor hundert Jahren die von Otto Sutermeister herausgegebenen „Kinder- und Hausmärchen aus der Schweiz" (Aarau 1869). In all diesen Büchern finden sich die gleichen Märchentypen in immer neuen Variationen. Der Vergleich der verschiedenen Fassungen gibt uns Auskunft über die Fülle der Möglichkeiten, die in einem bestimmten Erzählschema stecken. Die Zusammenschau wirft Licht auf den Sinn der einzelnen Erzählungen und auf die Bedeutung des gesamten Erzähltypus. Oft genügen schon einige wenige Märchen vom gleichen Typ, uns auf verschiedenartige Entwicklungsmöglichkeiten, auf verborgene Zielrichtungen, die der betreffenden Erzählung innewohnen, aufmerksam zu machen. So gehen wir denn in den hier vorgelegten Betrachtungen in den meisten Fällen von einem der bekanntesten Grimmschen Märchen aus und ziehen, um es in seiner Eigenart wie auch in seiner Allgemeingültigkeit besser zu verstehen, andere Erzählungen heran. Die Produktivität des Materials ist erstaunlich. Jede Variante kann zu neuen Überlegungen und Einsichten führen.

Die beiden ersten Kapitel des vorliegenden Buchs sind in geraffter Form in der von Mircea Eliade und Ernst Jünger herausgegebenen Zeitschrift „Antaios" vorabgedruckt worden. Sie wie auch die übrigen Abschnitte geben eine erweiterte Fassung der Vorträge, die ich im Frühjahr 1968 in einer Sendereihe des Deutschlandfunks gehalten habe. Wie das frühere, unter dem Titel „Es war einmal..." in der Kleinen Vandenhoeck-Reihe erschienene Bändchen richtet sich auch dieses neue an alle, die das Volksmärchen lieben und sich für die Zusammenhänge, in denen es steht, interessieren.

Zürich, im Frühjahr 1969   Max Lüthi

ZUR ZWEITEN AUFLAGE

Der Grundtext des Neudrucks ist, von einzelnen Korrekturen abgesehen, unverändert. Hingegen sind die jedem Kapitel beigegebenen Anmerkungen und Literaturhinweise entsprechend dem heutigen Publikationsstand ergänzt worden.

„So leben sie noch heute" ist, schon dem Titel nach, ein Gegenstück zu „Es war einmal...", gewissermaßen dessen zweiter Teil; es fügt den dort besprochenen Märchen Interpretationen weiterer allgemein bekannter Märchentypen bei. Wer weiterführende literaturwissenschaftliche Untersuchungen und Reflexionen zu Volksmärchen und Volkssagen sucht, findet sie in meinen oben S. 2 und unten S. 132 genannten Werken.

Zürich, im Herbst 1976   Max Lüthi

DIE BILDER DES MÄRCHENS

Wer an das Märchen denkt, dem treten zunächst eine Reihe von **Bildern** vor das erinnernde Auge: Prinz und Prinzessin, König und Königin, Schweinehirt und Gänsemagd, Wald, Pferd, Drache, Wolf und Hexe, Schloß und Turm, Sonne, Mond und Sterne ... Es ist kein Zufall, daß unsere Erinnerungsreihe mit **strahlenden** Bildern beginnt und schließt. Wer Märchen sagt, der denkt zu **allererst** an **Prinz und Prinzessin**. Es sind Leitbilder, die da auftauchen, steuernde Bilder. Jeder von uns sucht, bewußt oder unbewußt, den Prinzen oder die Prinzessin im andern, aber auch den Prinzen oder die Prinzessin in sich selber. Es ist die Suche nach dem „idealen Preismenschen", wie der Dichter Jean Paul es genannt hat. Prinz und Prinzessin sind Figuren von einer selbstverständlichen Symbolik. Sie repräsentieren den hohen Menschen. Der schöne Mensch, die schöne Gestalt und auch das schöne Kleid des Menschen sind ein Versprechen. „Nichts Böses kann in solchem Tempel wohnen", sagt Miranda, die Heldin von Shakespeares Märchendrama „Der Sturm", als sie zum erstenmal in ihrem Leben schöne junge Menschen sieht. Sie weiß nicht, daß in eben dem Augenblick, da sie sich von der Schönheit der menschlichen Gestalt, des menschlichen Gesichts ergreifen läßt und ihr vertraut, einige der vor ihr stehenden schönen Menschen verbrecherische Pläne hegen. Wie in Shakespeares Drama, so dementiert auch in der Wirklichkeit der Mensch seine schöne Gestalt immer wieder durch häßliche Taten. Er löst das Versprechen, das in der Schönheit liegt, nicht ein. Selbst das Märchen kennt böse Königinnen, grausame Prinzessinnen und herrliche Schlösser, in denen Grauenvolles sich ereignet. Volksmärchen sind nicht gar so einfache und eindeutige Geschichten, wie es auf den ersten Blick scheinen mag. Aber im ganzen gilt doch: Die leuchtenden Bilder des Schlosses, des Prinzen und der Prinzessin, der Sonne und der Sterne, die dem Märchen das Gepräge geben, erwecken im Hörer, im Leser die Erwartung, daß Hohes, Königliches, Sonnenhaftes im Leben eines jeden möglich, ja, daß der Mensch auf ein königliches Dasein hin angelegt sei. Noch einmal sei Shakespeare zitiert.

> Denn so gering und schlecht ist euer keiner,
> Daß er nicht edlen Glanz im Auge trüg,

sagt König Heinrich V. im Anblick der einfachen Soldaten seines Heeres. Im Märchen ist auch der Schweinehirt ein heimlicher Königssohn, die Gänsemagd eine heimliche Prinzessin. Wir dürfen es dem Märchen glauben, daß in jedem Menschen Königliches da ist, das sich entfalten möchte.

Aber das Märchen zeigt auch die **Gefährdung** höchster Werte. Der König ist krank, er muß geheilt werden, seine Söhne ziehen aus, das Lebenswasser für ihn zu holen oder einen Wundervogel, dessen Gesang ihn gesund machen soll. Ähnlich bedroht kann die Prinzessin sein. Ein Drache will sie verschlingen oder entführen oder hat sie schon entführt. Sie muß befreit oder erlöst werden. Gerade das Hohe, das Schöne ist gefährdet, bedroht, schutz- und hilfebedürftig. Die in ungezählten Märchen sich wiederholende Szene, wie der Held, ein Jäger, Fischersbub oder Besenbinderssohn, in die schwarz behängte Königsstadt tritt und die arme Prinzessin rettet, lautet in der Grimmschen Fassung so:

Der Jüngste aber kam ... in eine Stadt, die war ganz mit schwarzem Flor überzogen. Er ging in ein Wirtshaus und fragte den Wirt, ... warum die Stadt so mit Trauerflor ausgehängt wäre. Sprach der Wirt: „Weil morgen unseres Königs einzige Tochter sterben wird." Fragte der Jäger: „Ist sie sterbenskrank?" „Nein", antwortete der Wirt, „sie ist frisch und gesund, aber sie muß doch sterben." „Wie geht das zu?" fragte der Jäger. „Draußen vor der Stadt ist ein hoher Berg, darauf wohnt ein Drache, der muß alle Jahr eine reine Jungfrau haben, sonst verwüstet er das ganze Land. Nun sind schon alle Jungfrauen hingegeben, und ist niemand mehr übrig als die Königstochter, dennoch ist keine Gnade, sie muß ihm überliefert werden; und das soll morgen geschehen." Sprach der Jäger: „Warum wird der Drache nicht getötet?" „Ach," antwortete der Wirt, „so viele Ritter

habens versucht, aber allesamt ihr Leben eingebüßt; der König hat dem, der den Drachen besiegt, seine Tochter zur Frau versprochen, und er soll auch nach seinem Tode das Reich erben."
Der Jäger sagte dazu weiter nichts, aber am andern Morgen nahm er seine Tiere und stieg mit ihnen auf den Drachenberg... Als die Stunde kam, wo die Jungfrau dem Drachen sollte ausgeliefert werden, begleitete sie der König, der Marschall und die Hofleute hinaus. Sie sah von weitem den Jäger oben auf dem Drachenberg und meinte, der Drache stände da und erwartete sie, und wollte nicht hinaufgehen, endlich aber, weil die ganze Stadt sonst wäre verloren gewesen, mußte sie den schweren Gang tun. Der König und die Hofleute kehrten voll großer Trauer heim, des Königs Marschall aber sollte stehen bleiben und aus der Ferne alles mit ansehen.

Und nun geht es in allen Fassungen dieses weitverbreiteten Drachentötermärchens ähnlich weiter: Der junge Held überwindet, meist mit Hilfe der ihn begleitenden Tiere, sei es ein Bär oder ein Löwe, seien es zauberstarke Hunde, den bösen Drachen, dem die Prinzessin hätte zum Opfer gebracht werden sollen. Aber noch ist sie nicht gerettet, ein zweites Mal wird sie bedroht: der falsche Marschall oder ein grober Köhler zwingt sie, ihn für ihren Befreier auszugeben, und schon wird die Hochzeit mit dem Usurpator gefeiert, als, erst im letzten Augenblick, der echte Drachentöter eingreift und die Prinzessin ein zweites Mal erlöst.

Prinzessin und Drache. Das Bild ist uns, nicht nur aus den Märchen, sondern auch aus Mythen — z. B. der altgriechischen Sage von Perseus und Andromeda — und bildlichen Darstellungen dieser Mythen, so vertraut, daß wir geneigt sind, ihm eine tiefere Bedeutung zuzuschreiben. Das Schönste, Höchste, Edelste ist nicht bloß da und dort, nicht rein zufällig, sondern seinem Wesen nach b e d r o h t. Von außen oder von innen. Es gibt andere Märchen, da trägt die Prinzessin die Schlangen i n sich. Im russischen Märchen vom Zarensohn Sila und seinem Zauberhelfer Iwaschka-Weißes Hemd ist es so, daß, ähnlich wie in den verwandten Erzählungen von den zertanzten Schuhen, die Königstochter eine Liebschaft mit einem Unhold hat, mit einem sechsköpfigen Drachen. Als der Zarensohn Sila sich mit ihr vermählt, muß er auf Geheiß des zauberischen Helfers seine Gemahlin mit der Rute auspeitschen — ein erster Reinigungsvorgang. In dreimaligem nächtlichem Kampf schlägt dann der Helfer Iwaschka dem Drachen alle seine Köpfe ab. Aber noch ist die Prinzessin nicht wirklich entzaubert. Das russische Märchen schließt so:

Ein Jahr war um, und Zarensohn Sila bat den König, daß er ihn zu den Eltern beurlaube. Der König entließ ihn. Zarensohn Sila aber machte sich mit der Königstochter auf den Weg. Auf halbem Weg machten sie Rast und errichteten Zelte. Iwaschka-Weißes Hemd schichtete einen Scheiterhaufen, setzte ihn in Brand, griff zum Schwert und schnitt die Königstochter mitten entzwei.
Der Zarensohn brach in bittere Tränen aus.
„Weine nicht, sie wird wieder lebendig werden!" sprach Iwaschka. Kaum hatte er die Königin entzweigeschnitten, so kroch aus ihrem Bauch allerlei Gewürm hervor.
„Siehst du dieses Ungeziefer da? Alle diese bösen Geister haben sich in deiner Gemahlin gebildet", sprach Iwaschka-Weißes Hemd.
Er verbrannte alles Gewürm, dann setzte er den Leib der Königstochter wieder zusammen und besprengte ihn mit Lebenswasser: im Augenblick kam sie wieder zum Leben und ward von nun an so sanft, wie sie vordem böse gewesen war.
„Nun leb wohl, Zarensohn Sila! Du wirst mich nicht mehr wiedersehen", sprach Iwaschka und entschwand.
Zarensohn Sila aber ritt ans Ufer des Meeres, bestieg sein Schiff und segelte mit seiner wunderschönen Königstochter in sein Reich.

Drache und Prinzessin. Der Drache ist nicht nur uns gegenüber, er ist auch in uns. Der Drache ist nicht nur Gegner, er ist auch Liebhaber der Prinzessin. Die Prinzessin muß nicht nur gerettet, sie muß auch erlöst, von sich selber erlöst werden. Märchen stellen, in eindrücklichen Bildern, innere Vorgänge dar. In bildhaftem Begreifen erfaßt der Märchenhörer psychische Wirklichkeit. Märchen sind nicht in einem äußeren, aber in einem inneren Sinne wahr. Sie sind nicht realistisch, sie spiegeln nicht oder nur bedingt äußere Wirklichkeit, wohl aber innere. Wenn sie nicht Wirklichkeit geben, so geben sie doch Wahrheit.

Der Drache des Märchens ist ein Urbild des Bösen. Ihm gegenüber gibt es nichts anderes als Kampf. Er wird überwältigt, er wird vernichtet wie die Hexe in „Hänsel und Gretel" oder der böse Wolf im Grimmschen Märchen von Rotkäppchen. Aber nicht jedes Raubtier des Märchens ist unrettbar böse. Nicht jedes Untier braucht vernichtet zu werden. Es kann auch verwandelt werden. Das europäische Volksmärchen — und wir sind geneigt, einer Erzählung, die jahrhundertelang im Volksmund gelebt hat, eine größere Autorität zuzubilligen als der Fabelei eines phantasievollen Dichters — das europäische Volksmärchen erzählt wieder und wieder davon, wie das wilde Tier, wenn es verschont wird statt gejagt, dem Menschen zum Helfer werden kann, statt ihn zu bedrohen.

> Lieber Jäger, laß mich leben,
> Ich will dir auch zwei Junge geben,

lauten die Worte des Wolfs, des Bären, des Löwen in dem Märchen von den zwei Brüdern — es ist die Geschichte vom Drachentöter, die wir schon kennen; die Jungen der verschonten Raubtiere werden dann die treuen Helfer der beiden Helden. In anderen Erzählungen werden die Tiere nicht bloß verschont, es wird ihnen sogar geholfen. So bittet etwa ein Wolf den Helden eines Märchens, er solle ihm, statt ihn zu jagen, einen schmerzenden Dorn aus der Pfote ziehen. Der dankbare Wolf gibt ihm dann dafür eines seiner Haare; wenn der Held in Not ist, braucht er es bloß zwischen zwei Fingern zu drehen, und sogleich kommt der Wolf herbeigerannt, ihm zu helfen. Verwandlung des Übels: die Gegner werden zu Helfern, wenn man sich richtig verhält; zerstörerische Kraft braucht nicht vernichtet, sie kann zur hilfreichen Kraft umgeschaffen werden — auch diese Weisheit ist in den Bildern des Märchens lebendig und wird vom Kinde, das das Märchen hört, nicht bloß verstanden, sondern in sich aufgenommen. Nur in Bildern ist sie ihm zugänglich, nur in Bildern kann eine solche Wesensschau in das Empfinden und Erleben eines Kindes eingehen. Aber selbst dort, wo der Wolf nicht verwandelt wird, wo er nur das Üble und Gefährliche ist, spürt das Kind mit sicherem Gefühl, daß es sich der Auseinandersetzung mit dieser gefährlichen Gewalt nicht entziehen darf. Die Psychologin Josephine Bilz weiß von einem zweieinhalbjährigen Mädchen zu berichten, das mit großem Interesse die Geschichte von Rotkäppchen vernommen hatte.

In den folgenden Nächten schlief das Kind unruhig, es erwachte und äußerte Angst vor dem bösen Wolf. Man konnte dem Kind nicht anders und wohl auch nicht besser helfen, als daß man das Bild hervorsuchte, den Wolf herausschnitt und verbrannte. Nun war das Kind in den Nächten wieder ruhiger, tagsüber aber fragte es öfters interessiert nach dem Wolf. Immer wurde ihm bedeutet, daß der böse Wolf verbrannt sei, und daß es überhaupt keine Wölfe gäbe, nur ganz weit weg in Rußland. Einige Wochen nach diesen Begebenheiten wollte der Vater des Kindes mit der Kleinen einen Ausflug in den nahegelegenen Wald unternehmen. Die besorgte Mutter sagte dem Kind, als es für den Spaziergang gerüstet wurde: „Jetzt gehst du mit Papa in den Wald zu den lieben Häslein!" Das kleine Mädchen zog strahlend ab. Noch auf der Treppe des Hauses traf ein älterer Hausbewohner die beiden Ausflügler. Er fragte im Vorbeigehen die Kleine, wohin sie denn gehen wolle. Zur größten Überraschung antwortete das Kind, und zwar sehr bestimmt und ohne Zögern: „In den Wald zum Ußlandwolf!" ... Nicht die harmlosen Häslein, sondern das kinderfressende Ungeheuer, dessen Bild verbrannt werden mußte, bildete den Anziehungspunkt. Selbst dieses sensible Kind, das durch die Wolfsgeschichte Nacht für Nacht in Angst geriet, will aus eigener Initiative heraus eine Begegnung mit seinem „Rußlandwolf". Es zeigt damit eine Bereitschaft, sich dem zu fürchtenden Übermächtigen zu stellen. Es muß doch wohl über Kräfte verfügen, die das zu Fürchtende verlangen. Die Auseinandersetzung wird förmlich gesucht ... An der Hand seines Vaters zeigt es eine Bereitschaft, ein bewegenderes Erlebnis als das mit simplen und ungefährlichen Feldhasen aufzusuchen.

Eine andere Erscheinungsform des schrecklichen Tiers, das unversehens ein anderes Gesicht bekommt, ist der Tierprinz, die Tierbraut, von denen so viele Märchen erzählen. Der Bär oder

Löwe, dem die jüngste Schwester zur Gattin gegeben werden muß, verwandelt sich, sobald man ihn nicht mehr betrügen oder abwehren will, in einen herrlichen Prinzen, und die häßliche Tierbraut, die Kröte oder Ratte oder Äffin, in die schönste Prinzessin. Der Dichter Novalis knüpft daran, in einem seiner Fragmente, die folgende Betrachtung:

Bedeutender Zug in vielen Märchen, daß, wenn ein Unmögliches möglich wird, zugleich ein andres Unmögliches unerwartet möglich wird; daß, wenn der Mensch sich selber überwindet, er auch die Natur zugleich überwindet und ein Wunder vorgeht, das ihm das entgegengesetzte Angenehme gewährt in dem Augenblicke, als ihm das entgegengesetzte Unangenehme angenehm ward . . . : die Verwandlung des Bären in einen Prinzen in dem Augenblicke, als der Bär geliebt wurde . . . Vielleicht geschähe eine ähnliche Verwandlung, wenn der Mensch das Übel in der Welt lieb gewänne . . . Jede Krankheit ist vielleicht ein notwendiger Anfang der innigeren Verbindung zweier Wesen, der notwendige Anfang der Liebe . . . Fängt nicht überall das Beste mit Krankheit an? . . . Es gibt nichts absolut Böses und kein absolutes Übel . . . Durch Annihilation des Bösen wird das Gute realisiert, introduziert, verbreitet.

Dies der Versuch des Romantikers Novalis, eines der stets wiederkehrenden eindrucksvollen Bilder des Volksmärchens symbolisch zu deuten.
Doppelgesichtig wie das Bild des wilden Tiers sind auch die meisten anderen Bilder, die dem Märchen sein Gepräge geben. Daß die schöne Prinzessin ebenso gefährlich sein kann wie der böse Wolf, ist schon angetönt worden. Als Rätselprinzessin stellt sie den Bewerbern um ihre Hand schwierige Fragen oder Aufgaben, und wer sie nicht löst, verliert den Kopf — im wörtlichen, nicht im übertragenen Sinn. Man kann die Köpfe der unglücklichen Bewerber auf den Mauern der Königsstadt prangen sehen. Die grausame Rätselprinzessin Persiens ist besonders bekannt geworden: Turandot. Bei den unerbittlichen Aufgabenstellerinnen denken wir in erster Linie an das Grimmsche Märchen vom Meerhäschen:

Es war einmal eine Königstochter, die hatte in ihrem Schloß hoch unter der Zinne einen Saal mit zwölf Fenstern, die gingen nach allen Himmelsgegenden, und wenn sie hinaufstieg und umherschaute, so konnte sie ihr ganzes Reich übersehen. Aus dem ersten sah sie schon schärfer als andere Menschen, in dem zweiten noch besser, in dem dritten noch deutlicher, und so immer weiter bis in dem zwölften, wo sie alles sah, was über und unter der Erde war, und ihr nichts verborgen bleiben konnte. Weil sie aber stolz war, sich niemand unterwerfen wollte und die Herrschaft allein behalten, so ließ sie bekanntmachen, es sollte niemand ihr Gemahl werden, der sich nicht so vor ihr verstecken könnte, daß es ihr unmöglich wäre, ihn zu finden. Wer es aber versuche, und sie entdecke ihn, so werde ihm das Haupt abgeschlagen und auf einen Pfahl gesteckt. Es standen schon siebenundneunzig Pfähle mit toten Häuptern vor dem Schloß, und in langer Zeit meldete sich niemand. Die Königstochter war vergnügt und dachte: „Ich werde nun mein Lebtag frei bleiben." Da erschienen drei Brüder vor ihr und kündigten ihr an, daß sie ihr Glück versuchen wollten. Der älteste glaubte sicher zu sein, wenn er in ein Kalkloch krieche, aber sie erblickte ihn schon aus dem ersten Fenster, ließ ihn herausziehen und ihm das Haupt abschlagen. Der zweite kroch in den Keller des Schlosses, aber auch diesen erblickte sie aus dem ersten Fenster, und es war um ihn geschehen: sein Haupt kam auf den neunundneunzigsten Pfahl. Da trat der jüngste vor sie hin und bat, sie möchte ihm einen Tag Bedenkzeit geben, auch so gnädig sein, es ihm zweimal zu schenken, wenn sie ihn entdecke: mißlinge es ihm zum drittenmal, so wolle er sich nichts mehr aus seinem Leben machen. Weil er so schön war und so herzlich bat, so sagte sie: „Ja, ich will dir das bewilligen, aber es wird dir nicht glücken."

Wer die Gesetze des Märchens kennt, der weiß, daß der hundertste Pfahl ohne Kopfschmuck bleiben wird. — Im griechischen Volksmärchen gibt es sogar Prinzessinnen, die eigenhändig Türme aus den Köpfen ihrer Freier bauen.

Als einige Zeit vergangen war, gedachte der jüngste Königssohn, auszuziehen und die Schöne der Welt zur Frau zu neh-

men; und er verriegelte sein Schloß, bestieg sein Pferd und zog aus, um sie zu gewinnen. Es wollten aber viele Königssöhne diese Schöne der Welt besitzen und vermochten es nicht. Denn sie tötete sie alle und baute einen Turm aus ihren Köpfen. Und es fehlte noch ein Kopf an dem Turm. Vielleicht würde das der Kopf unseres Königssohnes sein.

Aber selbst wo die Prinzessin nicht selber ihre Freier umbringt, kann sie ihnen zum Verderben werden. Dornröschen schläft unschuldig und ahnungslos hinter ihrer Dornenhecke. Viele Königssöhne versuchen durch die Hecke zu dringen, aber weil es noch nicht die rechte Zeit ist, weil die hundert Jahre noch nicht um sind, bleiben die Prinzen in den Dornen hängen und sterben eines traurigen Todes. Doch auch hier kommt immer wieder einer, der sagt: „Ich fürchte mich nicht, ich will hinaus und das schöne Dornröschen sehen." Das schlafende Dornröschen ist, ohne es zu wollen, genauso gefährlich wie der böse Wolf. Wölfe können zum Helfer werden, Prinzessinnen zum Todesbringer — aber der Bedrohte weiß, daß er die schöne Prinzessin dennoch suchen und, wenn es irgend geht, gewinnen muß.
Doppelgesichtig sind auch das Schloß, der Turm, der Wald. Im Walde kann man sich verlieren, sich verirren, böse Räuber, Hexen, wilde Tiere hausen in ihm, der Wald kann uns verschlingen — aber zugleich ist er der Ort der wunderbaren Begegnungen und Abenteuer. Im Grimmschen Märchen von den drei Männlein im Walde schickt die böse Stiefmutter ihre unschuldige Stieftochter in einem papierenen Kleid in den winterlichen Wald, sie müsse ihr dort Erdbeeren holen. Das Mädchen kommt im tief verschneiten Wald zu einem kleinen Häuschen, in dem drei Männlein hausen. Auf deren Bitte teilt das Kind sein Stückchen Brot mit ihnen und kehrt mit einem Besen an der Hintertüre des Häuschens den Schnee weg — da kommen lauter reife, dunkelrote Erdbeeren zum Vorschein, das Kind kann sein Körbchen füllen und nach Hause zurückkehren. Das Motiv ist nicht vereinzelt. In der slowakischen Erzählung von den zwölf Monaten sind es Veilchen, die unter dem Schnee hervorkommen und einer armen Stieftochter aus der Not helfen. Selbst da, wo im Walde üble Mächte den Menschen zu verschlingen dro-

hen, kann er bereichert aus der Gefahr hervorgehen: Hänsel und Gretel sind mit Kieselsteinen in den Wald gezogen und kehren mit Perlen und Edelsteinen zurück. Der Turm Rapunzels ist Schutz und Gefängnis zugleich; er isoliert die Heldin — und doch bringt gerade diese Absonderung sie mit dem schönen Prinzen in Kontakt. In manchen Varianten des Märchens ist Rapunzel zudem nicht nur die Gefangene einer Hexe, sie lernt vielmehr von dieser manches, sie lernt Zauberkünste, die ihr später trefflich zustatten kommen. Das Schloss endlich, eines der Lieblingsbilder des Märchens, ist der Ort des königlichen Glanzes und des wundersamen Geschehens — zugleich aber wiederum ein Raum der Gefährdung. Auf seinen Mauern können ebenso wie auf denen der Stadt die Köpfe unglücklicher Brautwerber aufgereiht sein. Häufiger enthält es ein zwölftes oder dreizehntes Zimmer, in das man nicht eintreten darf und in welchem das Unheil auf den wartet, der dennoch eintritt. Aber selbst dieses dreizehnte Zimmer noch hat zwei Aspekte: Wer das Verbot übertritt und die Tür öffnet, gerät zwar zunächst in eine üble Lage — er befreit zum Beispiel einen schlimmen Dämon — gelangt aber schließlich eben dadurch doch zu einem weit höheren Ziel, als wenn er das Zimmer nie betreten hätte.

Sonne, Mond und Sterne beschenken den Märchenhelden, die Märchenheldin meist mit hilfreichen Gaben. Auch sie können freilich einmal ein anderes Gesicht weisen, auch in ihnen können unheimlich-dämonische Kräfte sich regen, wie in der Grimmschen Erzählung von den sieben Raben, wo es von dem Schwesterchen der verzauberten Brüder heißt:

Es nahm nichts mit sich als ein Ringlein von seinen Eltern zum Andenken, einen Laib Brot für den Hunger, ein Krüglein Wasser für den Durst und ein Stühlchen für die Müdigkeit.
Nun ging es immer zu, weit, weit bis an der Welt Ende. Da kam es zur Sonne, aber die war zu heiß und fürchterlich und fraß die kleinen Kinder. Eilig lief es weg und lief hin zu dem Mond, aber der war gar zu kalt und auch grausig und bös, und als er das Kind merkte, sprach er: „Ich rieche, rieche Menschenfleisch." Da machte es sich geschwind fort ...

Aber meistens sind die Gestirne den menschlichen Helden des Märchens freundlich. Sie sind es, die dem Märchen Weite geben, die kosmische Weite des Universums. Das Märchen ist eine Dichtung, die alle Dinge zu umfassen strebt. Es muß seinen Helden über die irdische Welt hinausführen, sei es in ein Königreich am Rande der Erde, sei es in eine Unterwelt oder Überwelt, sei es auch nur in die Begegnung mit jenseitigen Figuren. Eine Art Jenseitswelt, jenseits der gewohnten Zone des Alltags ist auch der Wald. Am hellsten aber kommt diese Jenseitswelt in Sonne, Mond und Sternen ins Bild. Da ist es nun hübsch zu sehen, daß das Volksmärchen, dem jede Naturschwärmerei fernliegt, einen anderen Weg als den der Einfühlung beschreitet, um den Einklang des Menschen mit der Natur darzustellen: Die Naturmächte, besonders häufig die Gestirne und die Winde, versehen den Helden oder die Heldin mit Gaben, die ihn instand setzen, seinen Weg bis zum Ziel zu gehen. In manchen Märchen schenken sie der Heldin ein Gold-, ein Silber- und ein Sternenkleid, in einigen Erzählungen Italiens und des Balkans aber hören wir von Kleidern, in denen alle Blumen der Erde eingewirkt sind oder alle Fische des Meeres oder die Wellen des Meeres. Die Natur wird gleichsam in das Kleid der Märchenheldin hereingenommen. Die Menschen des Märchens fühlen sich in keiner Weise in die Natur ein, aber sie stehen in lebendigem Kontakt mit ihr, sie empfangen ihre Gaben, und diese Gaben spiegeln die gnadenvolle Verbindung des Menschen mit Gestirnen, Blumen, Tieren und Meer.

Wir haben das Märchen eine Dichtung genannt, die alle Dinge zu umfassen strebt. So fehlen denn in ihm neben den strahlenden Figuren die unscheinbaren nicht. Wie in der Personenwelt abseitige Menschen besonders ausgezeichnet werden: der Dummling, der jüngste Bruder, Aschenputtel, der Schweinehirt, die Gänsemagd, so taucht in all dem Glanz des Märchens unvermittelt immer wieder das unscheinbare Ding auf. Dem Helden wird geraten, aus allen Sätteln, die ihm angeboten werden, den unscheinbarsten, schäbigsten zu wählen: Er gerade ist der Zaubersattel. Dahinter steckt nicht so sehr eine simple Erziehung zur Bescheidenheit – so absichtsvoll moralisch ist das Märchen im allgemeinen nicht – es entspringt einem umfassenderen Bedürfnis. Neben dem Großen und Hohen muß das

Kleine und Niedrige da sein, neben dem Schönen das Häßliche, neben dem Leuchtenden das Unscheinbare. Das räudige Füllen oder das hinkende, das dreibeinige Pferd sind die Zauberpferde, nicht die anderen. So geht die Menschheitserfahrung vom Zwiespalt zwischen Schein und Sein ins Volksmärchen ein.

Die Welt der Bilder, in die das Volksmärchen seine Hörer oder Leser, heute vor allem die Kinder, hineinführt, ist Nahrung der Seele. Eine der ersten und ursprünglichsten Leistungen der Dichtung, der Kunst überhaupt: die Dinge aus der unübersichtlichen Wirklichkeit heraufzuheben und uns sichtbar zu machen, das Volksmärchen vollbringt sie in seltener Reinheit. Es isoliert Personen und Tiere, Bäume und Gebäude, Dinge und Jenseitskräfte und rückt sie vor unser Auge. In Goethes „Natürlicher Tochter", einem Drama, das mit einigem Recht ein Märchenspiel genannt werden darf, hören wir den Rat:

> *Hinaus! Mit Flügelschnelle durch das Land,*
> *Durch fremde Reiche, daß vor deinem Sinn*
> *Der Erde Bilder heilend sich bewegen.*

Das Volksmärchen, das seine Helden gern in weiter Wanderung oder Fahrt durch viele Reiche fährt, schenkt seinem Hörer eine reiche und doch maßvoll eingeschränkte Zahl von kraftvollen Bildern; ohne daß er selber auf die Reise zu gehen braucht, bewegen sie sich vor seinem inneren Auge. Daß es nicht zufällige Bilder sind, sondern sorgsam ausgewählte, aufeinander abgestimmte, zudem bedeutungsträchtig, gehört zu den dem Volksmärchen eigentümlichen Werten. Seine Bilder bringen dem Kinde eine Art Einweihung in das Wesen des Daseins.

Auch die oft gestellte Frage, ob das Märchen grausam sei, hat unausgesprochen schon eine Art Antwort gefunden. Die Hexe und der Drache sind Bilder des Bösen. Auf der Ebene der Phantasie vollzieht sich im Märchenhörer eine Auseinandersetzung mit dem Bösen. Das Böse muß überwunden werden. Dem Kinde repräsentiert die böse Figur das böse Prinzip. Für die feinere Unterscheidung, für das christliche: die Sünde hassen, aber den Sünder lieben ist das Kind noch nicht reif. Doch reift es allmählich zu ihr heran. Daß das Märchen neben die absolut bösen Gestalten, Drache und Menschenfresser, Hexe und hexenhafte Stiefmutter auch wilde Tiere stellt, die nicht getötet, sondern im Gegenteil zu Helfern gewonnen oder zu herrlichen Menschen verwandelt werden können, ebnet dem Kinde den Weg zu einer verfeinerten Sicht.

Wie aber steht es mit den abgeschlagenen Köpfen auf Stadt- und Schloßmauern und mit den Prinzen, die in der Dornenhecke hängenbleiben? Gerade dieses letzte, der Geschichte von Dornröschen entnommene Bild gibt uns einen Begriff davon, wie das Volksmärchen die Dinge zeichnet. Es begnügt sich mit knappen Hinweisen. Niemals wühlt es im Grausigen. Kein Märchenhörer stellt sich die zerfetzten und allmählich verwesenden Leichen der Königssöhne im Dornenhag plastisch vor. Das traurige Ende der unzeitigen Bewerber ist nur Zeichen. Es ist das Siegel des Mißlingens — kein Ausfluß eines Rachegefühls oder gar einer Freude am Quälen. Das Märchen transponiert seelische und geistige Vorgänge ebenso wie Schicksalsabläufe ins optisch klar Sichtbare; die extremen Strafen und Belohnungen des Märchens sind ein Element des das ganze Märchen durchdringenden Stils. Selbst die auf Pfählen aufgereihten Köpfe der abgewiesenen Bewerber sind kein gar so erschreckendes Bild. Sie wirken fast ornamental. Pluralisierung bedeutet immer zugleich Entindividualisierung. Auch hier enthält sich das Märchen jedes Auskostens des Grausigen. Die Hinrichtungen werden nicht geschildert — nie. Das Märchen ist nicht exhibitionistisch (sehr im Gegensatz zu gewissen Epochen der Menschheitsgeschichte, wo Hinrichtungen als öffentliche Schauspiele aufgezogen und genossen wurden). Wer sein Wesen verstehen will, muß genau auf seine Erzählweise achten.

Nachweis der Zitate:

Die Grimmsche Fassung des Drachentötermärchens ist Nr. 60 der Kinder- und Hausmärchen (= KHM 60, „Die zwei Brüder"). — Das Märchen von dem Zarensohn Sila und Iwaschka-Weißes Hemd steht in den Russischen Volksmärchen, herausgegeben von Xaver Schaffgotsch, Hamburg und München o. J. (Verlag Ellermann). — Der Aufsatz von Josephine Bilz ist ein Beitrag zu Charlotte Bühler, Das Märchen und die Phantasie des Kindes, 3. Aufl. München 1971. — Das Novalis-Fragment trägt in der Ausgabe von Carl Seelig, Bd. IV, Herrliberg-Zürich 1946, die Nummer 2320. — „Das Meerhäschen": KHM 191. — Das neugriechische Märchen „Der Nabel der Erde" steht in den von Georgios Megas herausgegebenen Griechischen Volksmärchen, Düsseldorf-Köln 1965 (MdW = Märchen der Weltliteratur). — „Die sieben Raben": KHM 25.

Literatur:

Die in der heutigen Märchenforschung maßgebende Literatur ist zusammengestellt in dem von mir herausgegebenen Bändchen der Sammlung Metzler (M 16), 6. Aufl. Stuttgart 1976.

DIE ERZÄHLWEISE DES VOLKSMÄRCHENS

Über die Ursprünge des Volksmärchens weiß man wenig. Alle Theorien darüber sind umstritten. Während die einen Forscher Grund zu haben glauben, die Entstehung der Gattung Märchen in die jüngere Steinzeit zu legen, sehen andere erst im späten Mittelalter den Nährboden, der das eigentliche Märchen erwachsen ließ. Die einen denken an priesterliche Weisheitsdichtung, die dem Volk in Urzeiten dargereicht worden sei, andere nehmen an, ritterliche Epen seien ins Volk gedrungen und von ihm in charakteristischer Weise umgeformt, umgeschliffen worden. Wie dem auch sei, unbestritten ist, daß Volksmärchen von der Art, wie die Brüder Grimm und ihre Nachfahren sie aufgezeichnet haben, jahrhundertelang in Europa umgelaufen sind, von Mund zu Mund weitergegeben. Das erste deutschsprachige Märchen, das erkennen läßt, daß schon im 16. Jahrhundert und also vermutlich auch vorher die Volksmärchen in der gleichen Art erzählt wurden wie noch im 19. und 20. Jahrhundert, ist die Geschichte vom Erdkuolin, die Martin Montanus um 1560 festgehalten hat. Dieses Märchen vom Erdkühlein gehört zum gleichen Typus wie Aschenbrödel und Einäuglein, Zweiäuglein, Dreiäuglein. Ich habe es in dem Vandenhoeck-Bändchen „Es war einmal" besprochen und gehe hier nicht näher darauf ein, erwähne es nur als Zeugnis dafür, daß es einen Märchenstil gibt, einen Stil der Gattung Märchen, der über Jahrhunderte hinweg der gleiche geblieben ist. Diese besondere Erzählweise des Volksmärchens gilt es jetzt zu umreißen.

Die Bilder des Märchens, von denen im ersten Kapitel dieses Buchs die Rede war, stehen nicht zusammenhanglos im Märchen. Sie sind eingebettet in ein bestimmtes Geschehen, in ein größeres Ganzes also, das aber einfacher und überblickbarer ist als das Ganze der Wirklichkeit. Was kennzeichnet den Ablauf der Märchenerzählung?

Als erstes fällt auf, daß Spannung und Entspannung, Erwartung und Erfüllung im Märchen eine wichtige Rolle spielen. Ein Vater schickt seine drei Söhne in die Welt hinaus. In was für Abenteuer werden sie geraten? Wie werden sie sie bestehen? Wird es ihnen gelingen, die schweren Aufgaben zu lösen? — Liebende fliehen vor einem Unhold oder einer Hexe. Werden sie sich retten können? Dreimal kommt der Verfolger, die Verfolgerin ihnen nahe, dreimal entziehen sie sich, aber erst das dritte Mal kommen sie wirklich in Sicherheit. Eine Prinzessin wird einem Drachen ausgeliefert: Gibt es keine Rettung für sie? Märchenerzähler früherer Zeiten waren sich durchaus bewußt, daß sie eine spannende Geschichte erzählten. Nicht selten soll einer an der spannendsten Stelle innegehalten und erklärt haben, der Gaumen sei ihm trocken geworden; er müsse ein Glas Wein haben, erst dann könne er weitererzählen.

Und doch muß man sagen, daß es eine Spannung besonderer Art ist, die im Märchen herrscht. Die gewohnheitsmäßigen Märchenhörer, und das ist die große Mehrzahl, sind ja zugleich Märchenkenner. Wer sich ein Volksmärchen erzählen läßt oder selber eines liest, hat vorher schon andere Märchen gehört oder gelesen. Er weiß, daß der jüngste Sohn die Proben bestehen, er weiß, daß die Hexe überlistet, der Unhold abgewehrt, der Drache getötet werden wird. Die Spannung beruht also nicht so sehr auf der Frage, was denn nun wohl geschehen werde. Man könnte vermuten, sie richte sich auf das Wie der Vorgänge: Auf welche Weise gelingt es dem flüchtigen Paar, der Verfolgerin zu entkommen? Das eine Mal wirft das Mädchen, das von der Hexe Zauberkünste gelernt hat — vielleicht ist es gar die eigene Tochter der Hexe — eine Bürste hinter sich, und sie verwandelt sich in einen Wald oder in ein Gebüsch. In anderen Varianten dieser sogenannten Magischen Flucht ist es ein Besen oder ein Blatt, ein Dorn, welche die gleiche Wirkung tun. Wenn die Hexe sich dann durch den Wald hindurchgearbeitet hat, wirft das Mädchen einen Stein aus, und es wird ein Berg daraus, oder einen Kamm, und es entsteht ein Gebirgskamm, oder eine Seife, und es wächst hinter ihm ein Seifenberg, den die Verfolgerin nun erklimmen muß. Hier ist eine der vielen Stellen, an denen der Humor aufsprießen kann im Märchen. Die Hexe müht sich lange vergeblich ab, sie rutscht immer wieder aus, gleitet zurück auf dem Seifenberg. Zuletzt schließlich spritzt das Mädchen einen Tropfen Wasser hinter sich — in humorvoller Abwandlung kann es auch ein Tropfen Bier oder Milch sein — es entsteht ein See, in dem die Hexe ertrinkt oder den sie auszusaufen versucht, bei welchem Unternehmen sie platzt. Oder noch anders: Das Mädchen verwandelt sich in einen Baum, den Jüngling, mit dem zusammen es flieht, in einen Vogel darauf, oder sich in einen Garten, den Jüngling in den Gärtner, oder sich in eine Kirche, den Jüngling in den Priester. Auch hier ergibt sich Gelegenheit zu lustigen Späßen. So in einem maltesischen Rapunzelmärchen. Rapunzel heißt hier Fenchelchen, und sie nimmt, als sie mit einem schönen Jüngling den Turm der Hexe verläßt, drei Zauberknäuel mit sich.

Die Hexe lief, so schnell sie laufen konnte, den beiden nach. Einmal schaute sie sich um, um mit den Augen den hinter ihr liegenden Weg zu messen. Aber in eben demselben Augenblick wandten sich auch die Fliehenden um und erblickten die Alte. Fenchelchen ließ nun eines der Knäuel fallen, und sogleich wurde der Jüngling ein Garten und Fenchelchen eine wilde Rose, die sich im Winde hin und her bewegte. Die Alte kam auf den Garten zugestürmt und fragte den Gärtner: „Hast du nicht einen schönen jungen Mann und ein langhaariges Mädchen gesehen?" — „Wir haben herrliche Rosen . . ." — „Ich will keine Rosen — ich will wissen, ob du nicht ein fliehendes Paar gesehen hast!" — „Auch Kohlrabi und Weißkraut ziehe ich und verkaufe es gar billig!" Da machte sich die Alte daran, die Rose abzupflücken, die sich im Winde hin- und herwiegte. Aber der Gärtner schalt sie und gab ihr einen Schlag auf die Hand. Sie sah sich um — da waren die beiden Flüchtlinge unterdessen fortgelaufen und hatten schon eine schöne Strecke Weges zurückgelegt. Schnell lief die Alte ihnen nach und bald war sie dem Paar wieder ganz nahe. Aber bevor sie es erreichte, blickte sie noch einmal zurück — in diesem Augenblick verwandelte die Kraft des zweiten Knäuels den Jüngling in eine Kirche und Fenchelchen in die Glocke darin. Die Alte gelangte zu der Kirche und fragte den Sakristan, wie sie vorher den Gärtner gefragt hatte. Der Sakristan antwortete: „Hörst du nicht, wie die Glocken läuten? Gleich beginnt die Messe." Wieder fragte und fragte sie ihn, und zuletzt wurde er ungeduldig und rief: „Also merk dir's, du wirst deine Seele verlieren ob deiner Gottlosigkeit..."

Und so geht's weiter... Das in Malta aus dem Volksmund aufgezeichnete Märchen hat sich hier ein bekanntes Schwankmotiv zu eigen gemacht, das Motiv von den schwerhörigen Leuten. Ein weiterer Beleg dafür, daß das Volksmärchen dann und wann mit Behagen einen scherzhaften Ton annimmt. Anderswo wieder erzählt es ernst und dennoch heiter. So ergötzt sich der, der Märchen hört oder liest, an der Vielfalt der Möglichkeiten. Und doch wäre es eine falsche oder jedenfalls nicht die ganze Antwort, wollte man sagen, es sei die verschiedenartige Ausgestaltung, die Variation der Motive, die den Hörer in Spannung halte. Vom Kinde wissen wir, daß es immer und immer wieder die gleiche Geschichte hören will, und man muß sie ihm mit den gleichen Worten erzählen; es erhebt Einspruch, wenn man variiert — gerade der wohlbekannten Geschichte lauscht das Kind in größter Spannung. Es ist die Anspannung des Gefühls, die der Hörer des Märchens erleben will, eine gerichtete Spannung also; es ist das Grunderlebnis der Erwartung und Erfüllung, nach dem das Kind verlangt. Wenn das Kind Märchen hört, vollzieht sich eine Formung der amorphen Gefühlsmasse. Eine bewegte, aber geordnete Welt schlägt es in seinen Bann. Der Märchenhörer steht in der Sicherheit, daß das Erwartete auch wirklich eintreten wird. Zumeist wird das Ziel stufenweise erreicht, der Aufbau der Handlung steht unter dem Gesetz der Dreizahl. Das Volksmärchen ist keineswegs ein freies Fabulierspiel: Nicht freie, sondern streng gebundene Phantasie waltet in ihm. Es wäre unmöglich, es kommt einfach nicht vor, daß der Drache die Prinzessin wirklich verschlingen würde. Auch im Detail noch waltet Gesetzmäßigkeit. In keinem Volksmärchen ist es die Prinzessin selber, die sich, durch irgendeine List etwa, vom Drachen befreit. Der Drache muß durch den Helden überwunden werden. Der Märchenhörer weiß das im voraus, er erwartet es, er will es hören. Schon hier erweist es sich, daß das Märchen eine formende, festigende Macht ist. Die stetigen Wiederholungen vertiefen diese Wir-

kung. Die Abwandlungen und Abwechslungen geben gleichzeitig ein Gefühl der Freiheit und des Lebens.
Damit ist ein weiteres gesagt: Neben der Spannung, neben dem Erlebnis der Erwartung und Erfüllung, bietet das Märchen seinen Hörern die Grundphänomene **Wiederholung und Abwechslung**. Nacheinander ziehen die Brüder aus, dieselbe Aufgabe zu bewältigen. Drei Prinzessinnen gilt es zu erlösen, drei Drachen zu besiegen, dreimal hintereinander muß ein Kleinod aus fernem Reich herbeigeschafft werden. Nicht selten werden die einander entsprechenden Episoden fast wörtlich gleich erzählt. So in einem Märchen aus Schleswig-Holstein, das von der berühmten Suche nach dem Wasser des Lebens für den kranken König spricht.

Der jüngste Prinz war schon weit geritten, da kam er zu einem kleinen Hause, darin wohnte eine steinalte Frau. Er klopfte an, sie tat ihm auf, und als sie ihn sah, verwunderte sie sich und sprach: „Mein Sohn, wo kommst du her? Es ist hier in manch hundert Jahren kein Mensch zu mir gekommen." Er sprach: „Ich bin des Königs jüngster Sohn und bin ausgesandt, das Wasser des Lebens, das Wasser der Schönheit und das Buch der Jugend für meinen Vater zu holen." Ihm entgegnete die Alte: „Mein Sohn, ich kann dir nicht helfen. Aber ich habe eine Schwester, die wohnt 200 Meilen weiter von hier. Vielleicht weiß die Rat." Da erschrak der Prinz über den weiten Weg und sprach: „Wie kann ich so schnell die 200 Meilen machen?" Die Alte aber sprach: „Ich habe ein Pferd im Stall, das kann die 200 Meilen in einem Tag machen, das will ich dir überlassen." Des war der Prinz zufrieden. Die alte Frau labte ihn mit Speise und Trank, und er übernachtete in ihrem Hause.
Am andern Morgen empfing er das Pferd der alten Frau und ritt so schnell, daß er noch am Abend bei ihrer Schwester eintraf. Er klopfte an, und da sie ihm öffnete, verwunderte sie sich und sprach: „Mein Sohn, wo kommst du her? Es ist in manch hundert Jahren kein Mensch in dies Haus gekommen." Der Prinz antwortete: „Ich bin des Königs jüngster Sohn und will für meinen Vater das Wasser des Lebens, das Wasser der Schönheit und das Buch der Jugend holen." Die Alte sprach: „Da kann ich dir nicht helfen. Aber ich habe eine Schwester, die

wohnt dreihundert Meilen von hier. Vielleicht weiß die zu helfen." Da sagte der Prinz betrübt: *"Wie soll ich diesen weiten Weg machen?"* Sie aber sprach: *"In meinem Stalle steht ein Pferd, das kann die dreihundert Meilen in einem Tage machen. Das will ich dir mitgeben."* Des freute sich der Prinz. Die Alte setzte ihm Essen und Trinken vor und gab ihm Herberge in ihrem Hause.

Am andern Morgen bestieg er das Roß der alten Frau, und es lief so schnell, daß er noch am Abend bei der Schwester ankam. Er klopfte an, und als sie ihm auftat, verwunderte sie sich und sprach: "Mein Sohn, wo kommst du her? Es ist in manch hundert Jahren kein Mensch zu mir gekommen." Er antwortete: *"Ich bin des Königs jüngster Sohn und suche das Wasser des Lebens, das Wasser der Schönheit und das Buch der Jugend für meinen Vater."* Die Frau sprach: *"Ich kann dir wohl sagen, wo es ist, aber es ist sehr schwer zu erlangen, es ist auch noch vierhundert Meilen von hier."* Da sprach der Prinz betrübt: *"Ich darf nicht wieder heimkommen, wenn ich es nicht mitbringe, und wie soll ich den weiten Weg zurücklegen?"* Die Frau antwortete: *"Ich habe ein Pferd im Stalle, das kann die vierhundert Meilen im halben Tage machen. Das will ich dir zu deiner Reise geben . . ."*

Worauf beruht der Reiz der Wiederholung, die im Volksmärchen in so vielen Formen zu finden ist? Wenn wir an das Kind, den heute legitimsten Märchenhörer, denken, so erkennen wir die Bedeutung der Wiederholung im menschlichen Dasein sogleich. Nur durch Wiederholung werden Fertigkeiten eingeübt. Und von gleicher Bedeutung wie für das Tun ist die Wiederholung für das Erkennen. In gewisser Art ist jedes Erkennen ein Wiedererkennen. Die Freude des Kindes beim Wiedererkennen eines schon einmal Gesehenen oder Gehörten bezeugt es. Und ein Drittes: Wiederholung bedeutet Nachahmung. Die eine Episode des Märchens ahmt eine vorhergehende andere sorgsam nach. Nachahmung eines Vorbildes aber ist nicht nur für das Kind, es ist für die Kultur des Menschen überhaupt von höchster Bedeutung. Die Wiederholungen des Märchens haben einen fast sakralen Charakter. Es d a r f nicht anders erzählt werden als so, wie es das erste Mal erzählt worden ist. Und doch wird es nicht ganz gleich erzählt. Die Variation vermählt sich mit der Wiederholung. Gesetz und Reichtum, Bindung und Freiheit prägen das Gesicht des Märchens; sie machen es zu einem Modell des menschlichen Daseins, ja des lebendigen Seins überhaupt. Einige Formen der Abwechslung haben wir bei der Betrachtung der verschiedenen Möglichkeiten der Magischen Flucht beobachten können. Ein anderes Beispiel: Aschenputtel — nicht im Grimmschen Märchen, aber in anderen Erzählungen vom gleichen Typ — muß das eine Mal Erbsen aus der Asche lesen, das zweite Mal Linsen, das dritte Mal Bohnen. Die dem Märchen besonders gemäße Abwechslung ist geformte Abwechslung: Kontrast und Steigerung. Das eine Mädchen ist schön, das andere häßlich, das eine gut, das andere böse, das Kleid ist glänzend oder schmutzig, der Grindkopf hat in Wirklichkeit goldenes Haar, der Gärtnerbursche heiratet die Prinzessin, der Däumling oder Schneider überwindet den Riesen. Neben solchen Kontrasten steht, ein zweiter Typus der geformten Abwechslung, in der sich Gesetz und Freiheit im kleinen verbinden, die Steigerung: Der dritte Sohn ist der beste, die dritte Prinzessin die schönste, das dritte Gewand das prächtigste, die dritte Aufgabe die schwerste; der erste Drache hat drei, der zweite sechs, der dritte hat neun Köpfe. Daß die Steigerung nicht beliebig viele, sondern regelmäßig drei Stufen hat, ist ein weiteres Zeugnis des Strebens nach fester Form. Eine reine Konsequenz dieses alles durchdringenden Strebens ist die Vorliebe des Märchens für das Extreme. Der Held ist entweder ein Königssohn oder ein Kind ganz armer Eltern. Die Belohnungen sind ebenso extrem wie die Strafen: Prinzessin und Königreich — oder Kopf ab. Die angeblich grausamen Strafen des Märchens sind eines der Elemente seines gesamten Stils, der seinem Wesen nach alles scharf und bestimmt ausprägt. Auch das Wunder fügt sich in diesen Stil ein: Schlagartig verwandelt sich ein Mädchen in eine Rose, eine Hexe in einen Bach, ein Bub in ein Reh. Nicht allmähliche Wandlung ist dem Märchen gemäß, sondern unvermittelte Verwandlung.

Im gleichen Zusammenhang steht die Neigung, alles optisch scharf sichtbar zu machen. Das Märchen liebt den klaren Umriß, es liebt die Linie. Gerne nennt es Stäbe, Schwerter, Tierhaare oder Kästchen, Koffer, Nüsse, Eier. Immer wieder spricht es von Kammern, Häuschen, Schlössern. Das Rumpelstilzchen des Märchens wohnt nicht wie die entsprechende Figur der Sage in einer Höhle, sondern in einem Häuschen, und am Ende reißt es sich mitten entzwei: Man sieht die scharfe Linie des Risses, sieht zwei gleiche Hälften, niemand denkt dabei an einen blutig zerrissenen Leib. In der Sage wohnt Polyphem in einer Höhle, im Märchen aber in einem Schloß. Die Höhle mit ihrem unbestimmten Umriß, die Höhle, die sich in der dunklen Erde verliert, ist gleichsam ein Sinnbild der Volkssage. Das Schloß aber mit seinen klaren Senkrechten und Waagerechten, seinen Treppen, Türmen, Zinnen und Zimmern ist ein Emblem des Märchens: wie das Märchen selber ist es ein vom Geist gezeugtes Gebilde, während die Höhle natürlich geworden ist und die Ruine, die ebenfalls in der Sage so oft vorkommt, von der Natur zurückgenommen wird; die schönen Linien zerbröckeln, die Mauern werden von unregelmäßig wucherndem Gebüsch überwachsen. Das Schloß des Märchens aber steht rein und klar vor uns, zeitlos. Das gleiche Streben nach Formbestimmtheit und Vollendung läßt das Märchen zu reinen, klaren, krassen Farben greifen: weiß, schwarz, rot, silbern, golden. Nuancen, Abtönungen hält es fern; nie spricht es von rotbraun oder zartviolett oder grünlich. Sogar die Mischfarbe grün, die Farbe der lebendigen Natur, hat in ihm kein Lebensrecht: so oft auch vom Wald die Rede ist, nie oder fast nie taucht die doch naheliegende Formel „der grüne Wald" auf. Es sagt „der große Wald" oder „der dunkle Wald", das hat Sinn, es ist handlungswichtig; im großen, im dunklen Wald verirrt man sich − „der grüne Wald" wäre bloße Stimmungsmalerei. Die Lieblingsfarben des Volkslieds, grün und braun − das Märchen meidet sie. In ihm sind die Wälder silbern, golden oder kupfern. Es liebt alles Metallische und Mineralische, denn es strebt zum Festen, Bestimmten, zum Unvergänglichen, Unverweslichen. Es mineralisiert und metallisiert auch Lebendiges: ein Finger wird golden, ganze Menschen versteinern, kupferne Wälder werden durchschritten, und wenn man einen Zweig abbricht, so klirrt es.

Aschenputtel trägt in der ersten Ausgabe der Grimmschen Märchen (1812) zuerst silberne, dann goldene Pantoffeln, bei Perrault (1697) waren es Glaspantoffeln. Beides paßt sich dem metallglänzenden, formfesten und zugleich durchscheinenden Stil des europäischen Volksmärchens in schönster Art ein. Aber die Brüder Grimm dämpfen in späteren Auflagen ab; während sie ursprünglich deutlich „silberne Pantoffel" sagten, heißt es schließlich nur noch „mit Silber und Seide ausgestickte Pantoffeln" — das ist freilich realistischer und vernünftiger, aber weniger märchenhaft. So stößt man selbst bei so vorzüglichen Betreuern des Märchens, wie die Brüder Grimm es waren, auf Stilunsicherheit. Schlimmer ist es Perrault ergangen. Balzac und Littré haben darauf aufmerksam gemacht, gläserne Pantoffeln, «pantoufles de verre» seien eine Absurdität — besonders da ja Cendrillon einen dieser Pantoffeln fallen lasse, ohne daß er zerbreche. Es handle sich in Wirklichkeit um «pantoufles de vair», um Pelzpantoffeln oder vielmehr mit Pelz ausgefütterte Pantoffeln. Ganze Generationen von Folkloristen haben diese gelehrte Erklärung gläubig hingenommen und über die Naivität jener gelächelt, die sich gläserne Pantoffeln vorstellen. Im Jahre 1968 endlich ist einer aufgestanden, sich für die gläsernen Pantoffeln zu wehren: Der französische Forscher Marc Soriano weist auf das Recht des Absurden im Märchen und zudem auf Perraults Humor hin. Sorianos Beweisführung wäre noch überzeugender, wenn er auf die gläsernen Berge und Kutschen des Märchens, auf dessen Vorliebe für Glas und Kristall überhaupt, aufmerksam gemacht hätte. Gläserne Pantoffeln gehören ins Volksmärchen, «pantoufles de verre», nicht «souliers fourrés de vair». Wer um die Formklarheit des Märchenstils weiß, den konnten die rationalistisch-realistischen Konstruktionen Balzacs und Littrés nie blenden.

Fest und formelhaft sind auch die Zahlen, die das Märchen verwendet: drei, sieben, zwölf, vierzig, hundert. Fest und formelhaft sind die Anfänge: Es war einmal..., und die Schlüsse: Und wenn sie nicht gestorben sind, so leben sie noch heute. Fest und formelhaft sind die Sprüche des Märchens:

> „Weh, weh Windchen,
> Nimm Kürdchen sein Hütchen..."

Auch am Schluß des Märchens können Verse stehen. So etwa, wenn im russischen Märchen vom königlichen Hochzeitsfest die Rede ist, das die Handlung beschließt:

> Dort war auch ich,
> Met und Wein trank ich,
> Uebern Schnurrbart floß es mir,
> In den Mund nicht kam es mir.

Immer wieder gerinnt die Sprache des Märchens zur festen Formel oder zum Vers.

Das Volksmärchen stilisiert die Wirklichkeit. Es fühlt sich nicht in die Vielfalt des Konkreten ein, sondern gibt eine Art Extrakt, es abstrahiert. Es gleicht einem mathematischen Gebilde, einem durchscheinenden, linienscharfen Kristall. Es ist nicht realistische, sondern fast so etwas wie abstrakte Kunst.

In der Zeichnung der Handlung hat das Märchen dieselbe Festigkeit, Klarheit, Eindeutigkeit, wie wir sie bei seinen Gegenständen, Farben, Sprachformeln beobachtet haben. Das Volksmärchen kennt keine Schilderungssucht, es liebt die entschlossen vorwärtsschreitende Handlung. Wenn ein Märchenheld in eine Stadt tritt, so werden ihre Gassen und Häuser nicht geschildert, das Leben und Treiben in ihnen wird nicht dargestellt. Erwähnt wird nur, was für die Handlung wichtig ist: Die Häuser sind mit schwarzen Tüchern behängt oder sogar schwarz angestrichen, weil heute die Prinzessin dem Drachen geopfert werden soll. Wie gerne ergehen sich dagegen manche Verfasser von Kunstmärchen in der Beschreibung romantischer Städtchen. In einem seiner Nordsee-Gedichte schildert Heinrich Heine eine Märchenstadt auf dem Meeresgrund.

> *Ich aber lag am Rande des Schiffes,*
> *Und schaute, träumenden Auges,*
> *Hinab in das spiegelklare Wasser,*
> *Und schaute tiefer und tiefer —*
> *Bis tief im Meeresgrunde,*
> *Anfangs wie dämmernder Nebel,*
> *Jedoch allmählich farbenbestimmter,*
> *Kirchenkuppel und Türme sich zeigten,*
> *Und endlich, sonnenklar, eine ganze Stadt*
> *Altertümlich niederländisch,*
> *Und menschenbelebt.*
> *Bedächtige Männer, schwarzbemäntelt,*
> *Mit weißen Halskrausen und Ehrenketten,*

Und langen Degen und langen Gesichtern,
Schreiten über den wimmelnden Marktplatz
Nach dem treppenhohen Rathaus,
Wo steinerne Kaiserbilder
Wacht halten mit Szepter und Schwert.
Unferne, vor langen Häuserreihn,
Wo spiegelblanke Fenster
Und pyramidisch beschnittene Linden,
Wandeln seidenrauschende Jungfern,
Schlanke Leibchen, die Blumengesichter
Sittsam umschlossen von schwarzen Mützchen
und hervorquellendem Goldhaar.
Bunte Gesellen, in spanischer Tracht,
Stolzieren vorüber und nicken.
Bejahrte Frauen
In braunen, verschollnen Gewändern,
Gesangbuch und Rosenkranz in der Hand,
Eilen, trippelnden Schritts,
Nach dem großen Dome,
Getrieben von Glockengeläute
Und rauschendem Orgelton.

Nie würde es dem Erzähler eines Volksmärchens einfallen, in solcher Weise auszumalen. Er n e n n t die Dinge, er schildert sie nicht. Nicht Stimmungszauber ist die Seele des Volksmärchens, sondern Handlung. Poetisches Waldweben, die Farben- und Lichtspiele im dunklen Blätterwald, das findet man in Dichtermärchen, nicht im Volksmärchen. Dieses hat seine eigene Schönheit. Sie besteht zu einem wesentlichen Teil in der Klarheit seiner Linien, in der Bestimmtheit und Einfachheit also auch der Handlungslinie. Das Märchen löst, darin ganz anders als die Sage, seine Figuren aus der Verflechtung in Familie und Dorfgemeinschaft, es schickt sie weit hinaus in die Welt, nacheinander oder wenigstens in verschiedenen Richtungen, nicht miteinander. Es vereinzelt die Träger der Handlung. Wenn einmal einer in größerer Begleitung auszieht, so läßt er diese gewiß zurück, bevor das entscheidende Abenteuer beginnt. So der graubündnerische Ziegenhirt, der in der Fremde die Prinzessin geheiratet hat.

Nach einiger Zeit aber sagte er zur Königstochter: „Ich möchte einmal nach Hause gehen, um meine Mutter zu besuchen — der Vater ist mir gleich. Ich würde sie gern noch einmal sehen, bevor sie stirbt." Die Prinzessin sagte: „Es wundert mich, daß du endlich an deinen Vater und an deine Mutter denkst. Geh nur sofort. Aber nimm etwas Militär mit dir, wenigstens hundert Mann, damit du sicher bist." — „Ach was, ich gehe allein", sagte Gion. „Nein, so lasse ich dich nicht ziehen", antwortete sie. Da beschloß er, vierzig Mann mit sich zu nehmen. Dann machte er sich auf den Weg. Als er dachte, er würde nun am andern Tag zu Hause sein, sagte er zu den Soldaten: „Jetzt kehrt nur um und geht wieder heim, von hier weg gehe ich schon allein." Er war Kronprinz, und die Soldaten mußten natürlich gehorchen und kehrten um.

Der Vereinzelung der Gestalten entspricht im Sprachlichen die Vereinzelung der Beiwörter. Ein alter König, ein schönes Mädchen, eine häßliche Alte. Wenn bei der Hexe von roten Augen und triefender Nase die Rede ist, so ist das gewöhnlich Zutat des Herausgebers. Das echte Volksmärchen begnügt sich mit der kurzen Benennung: Eine alte Hexe, eine häßliche Alte. Wenn im italienischen Märchen stereotyp „una bella ragazza" steht, so sollte der Übersetzer nicht variieren und das eine Mal „ein anmutiges Mädchen" setzen, das andere Mal „ein rosiges Mädchen", sondern die strenge Formel „ein schönes Mädchen" respektieren. Schönheit wird vom Märchen nicht geschildert, sondern in ihrer Wirkung gezeigt. „Die Wiese war so schön, daß man eher in die Sonne hätte schauen können, aber nicht auf die Wiese." So heißt es in einem ungarischen Volksmärchen. In einem griechischen: „Die Königstochter war so schön, daß man sie gar nicht anschauen konnte." Rumänisch: „Wenn einer auch in die Sonne blicken könnte, den Glanz des Palastes ertrüge er nicht." Und wieder ungarisch: „Sie kämmte sich zwei so schöne Blumen vom Haupt, daß man wohl in die Sonne hätte schauen können, aber nicht auf diese beiden Blumen." So befolgt das Volksmärchen genau die Regeln epischer Erzählung, die Lessing von Homer abgelesen hat: Einheit des Beiworts, Darstellung der Wirkung der Schönheit, nicht Beschreibung des Schönen. Und wenn Lessing von Verwandlung des Ruhenden in Bewegung, des Koexistierenden in Sukzessives spricht: Das Märchen liebt es, Eigenschaften in Handlung zu übersetzen. Statt daß es sagt: „der jüngste Sohn hatte ein mitleidiges Herz", erzählt es einfach, wie er sein Brot mit einem alten Mann teilt.

Die Handlungslinie des Märchens hat scharfe Gelenke: Aufgaben, Verbote und Bedingungen, genaues Klappen der Dinge, wenn möglich gerade noch im letzten Augenblick; als Schlußpunkt der prägnante Lohn oder die prägnante Strafe. Auch das Wunder gehört zu den scharfen Gelenken der Märchenhandlung. Der Märchenheld lebt nicht eigentlich aus eigenen Entschlüssen. Er wird gelenkt durch Aufgaben, Ratschläge, Gaben, Hilfen aller Art. Die unsichtbare Dimension des Innerseelischen fehlt im Märchen. Man darf sagen, daß es alles Innere in Äußeres übersetze, alles im dunklen Raum der Seele Verborgene ins Sichtbare verwandle.

Im Märchen sublimiert sich die Welt. Die Erdenschwere fällt ab, die Dinge werden durchscheinend, leicht und hell. Das Märchen spricht nicht von Gefühlswallungen und kaum von Schmerzen. Wenn das Schwesterchen der sieben Raben sich ein Fingerchen abschneidet, um damit den Glasberg öffnen zu können, so hören wir nichts von einem inneren Kampf, wir sehen kein Blut fließen, denken uns das Mädchen nicht als nun für alle Zeit verkrüppelt. Vom Schmerz, den es beim Abschneiden des Fingers und nachher empfinden muß, wird uns kein einziges Wort gesagt. Nur die Handlung wird gegeben, das Seelische wird nicht dargestellt. Deshalb wirken auch die scheinbar grausamen Strafen nicht wirklich grausig. Die sie erleiden, sind Figuren, nicht lebendige Menschen, und ihre Qualen werden so wenig ausgemalt wie alles andere im Märchen. Unsere Volksmärchen kosten das Grausame nicht aus, sie sind in diesem Sinne gar nicht grausam. — Auch andere Gefühle werden vom Märchen sublimiert, verflüchtigt. Wie oft auch von Werbung und Hochzeit die Rede ist, eigentliche Erotik kennt das Volksmärchen nicht. Das entspricht genau seiner Behandlung des Magischen. So viele Zaubervorgänge im Märchen erwähnt werden — die Anstrengung des Zauberns spürt man nicht. Während der Zauberer des Naturvolks, der Schamane, sich in hoher seelischer Anspannung bis in die Trance hinein steigert, verwirk-

licht sich im Märchen aller Zauber spielend leicht. Man braucht bloß das Wolfshaar zwischen zwei Fingern zu drehen, und schon erscheint der Wolf und hilft dem Märchenhelden. Wie viele jenseitige Figuren das Märchen auch auftreten läßt, der Hauch des Gespenstischen ist nicht da, ganz im Gegensatz zur Volkssage. Das Märchen kennt keine Gefühlswallung, keine Erotik, keine Magie — es kennt auch die Zeit, die Geschichte nicht. Die Sage erzählt von Vorwelt und Nachwelt, das Märchen nicht. Dornröschen ist nach hundert Jahren genauso jung und schön wie vorher. Wenn eine Hexe einem Mädchen die Augen aussticht und sie hinter den Ofen wirft, so können sie später ohne weiteres wieder eingesetzt werden. Daß sie verwesen könnten hinter dem Ofen, daran denkt in der Welt des Märchens niemand; das Märchen zeichnet eine unverwesliche Welt. Es löst, es erlöst seine Figuren und Dinge aus der Zeit ebenso wie aus gesellschaftlicher Bindung. Isoliert stehen sie vor unseren Augen, nicht eingebunden in irgendeine feste Gemeinschaft. Die Mitwelt spielt im Märchen die gleiche unbedeutende Rolle wie die Vorwelt und Nachwelt.
Dies alles, diese ganze Verflüchtigung, Sublimierung bedeutet nicht bloß Verarmung und Entleerung. Im Gegenteil. Im Märchen wird die unübersichtliche, schwere, vieldimensionale Wirklichkeit zu klarer, reiner Form erlöst. An die Stelle von Zeit und Raum tritt Wesentlichkeit. Und: Erst die Sublimierung ermöglicht es dem Märchen, die Welt in sich aufzunehmen. Weil es sublimiert, ist es imstande, in schlanker Gestalt eine Fülle von Motiven zu vereinen, in denen sich wie in einem Glasperlenspiel das Dasein des Menschen spiegelt. Das Märchen ist welthaltig. Der Kosmos ist da: Sonne, Mond, Sterne und Winde — die Tierwelt, gerne in ein und demselben Märchen Tiere des Wassers, der Luft und des Landes (Fisch, Rabe, Meerhäschen) — die Welt der Bäume, Blumen und Steine — und die vom Menschen geschaffenen Städte, Schlösser und Dinge. Innerhalb des Menschlichen erzählt das Märchen von Feindschaft und Freundschaft, von Verbrechen und Hilfe, von Krieg und Frieden, von Glück und Versagen, von Aufgaben, Prüfungen, Gefahren, von Kämpfen, Verrat und Treue ebenso wie von gutem Essen und Trinken und Schlafen. Natur und Familie sind da, Werbung und Ehe, der Bauer und der König, der Sol-

dat und der Bürger, das Außerordentliche und der Alltag. Das Märchen enthält in sich, sublimiert, die Formen des Daseins.

Wir haben versucht, das Wesen des Erzählstils, zu dem alle Volksmärchen Europas hinstreben, zu erfassen. Er bestimmt das Gesicht des Märchens, er findet sich in allen Ländern, bei allen Völkern wieder. Man hat sich oft gewundert über die Gleichartigkeit der Volksmärchen in weit voneinander entfernten Gegenden. Die Ähnlichkeit der Motive hat man durch Wanderung der Erzählungen zu erklären versucht oder durch überall gleiche seelische Bedürfnisse. Daß auch der Stil des Volksmärchens in den verschiedensten Zeiten und Zonen verblüffend gleich bleibt, ist ebenso bedeutsam. Diesmal hilft die Wanderungstheorie wenig; die Weise des Erzählens übernimmt man nicht so leicht wie Motive und Motivketten. Wenn dennoch der Erzählstil überall sehr ähnlich ist, so bezeugt das, daß dieser Stil zum Märchen gehört. Wir können beobachten, daß dort, wo er zerstört wird, er sich im Munde des erzählenden Volks wieder herstellt. Kontraste, stufenweise Steigerung, Verzicht auf Beschreibung werden, wenn sie verlorengegangen sind, neu gewonnen; Erzähler und Hörer verlangen nach der Formenklarheit und Formenbestimmtheit, ohne die das Märchen nicht Märchen wäre.

Dennoch haben viele Erzähler ihren eigenen Ton, und das äußere Gewand des Märchens kann landschaftlich gefärbt sein. Die Wechselwirkung zwischen dem überall gleichbleibenden Grundstil und der landschaftlichen, nationalen oder individuellen Tönung gehört zu dem Wechselspiel von Bindung und Freiheit, das wir im Märchen haben beobachten können. Der Kontrast zwischen der Grundstruktur und den leichten Abwandlungen und Schnörkeln der verschiedenen Erzähler ist für den Feinschmecker von besonderem Reiz. Im schweizerischen Gebirgskanton Graubünden, der an das oberitalienische Veltlin grenzt, geht es im Märchen vom Tischleindeckdich hoch her: Schinken und Bündnerfleisch werden aufgetischt, Rahm, Reis und Kastanien und viele Flaschen Veltlinerweins. In anderen Bündner Märchen ist von weiteren kulinarischen Spezialitäten der Gegend die Rede, so von Salziz-Wurst und Ziger-Käse. In dem bekannten Märchentyp vom Teufel mit den drei goldenen Haaren kommt der Held durch eine Stadt, deren Brunnen vertrocknet ist. In Graubünden ist es ein Dorf ohne Wasser, der durchwandernde Bursche wird statt vor den König vor den Gemeindevorstand gerufen, und der verspricht ihm so viel Gold als er wiegt, wenn er in Erfahrung bringe, wie das Dorf wieder zu Wasser komme. In Spanien ist der Held des Märchens von der Zauberflöte ein Schafhirt, und als er in den Besitz des wunderbaren Musikinstruments kommt, vergnügt er sich damit, seine Schafe tanzen zu lassen. Ganz anders der graubündnerische Geißhirt. Er ist als Kronprinz in sein Heimatdorf zurückgewandert, aber niemand dort glaubt ihm das Kronprinzentum, er muß Ziegen hüten gehen.

Von diesem Tage ab ging er morgens auf die Alp, tat einen kurzen Pfiff auf seiner Pfeife und sagte: „Ich möchte, daß meine Geißen da und da hingehen und daß sie am Abend wieder da sind!" Und seine Geißen waren immer bereit. So konnte er den ganzen Tag ausruhen. Ein paar Tage ruhte er sich tüchtig aus. Dann aber kam die Langeweile. Tag und Nacht schlafen konnte er nicht. Da er ans Militär gewohnt war, dachte er: versuch mal mit deinen Geißen zu exerzieren. Und wahrhaftig, auf einem ebenen Platze rief er seine Geißen zusammen, tat einen kurzen Pfiff und begann auf militärische Art zu befehlen. Und seine Geißen taten genau so, wie er befahl. Nach und nach fing er an, die Geißen in Viererreihen abzuteilen, immer hintereinander, vorn die großen und hinten die Zicklein. Und er befahl zu exerzieren. Das ging gut. Wenn er am Abend nach Hause ging, begann er, sie vier und vier aufzustellen und marschierte so ins Dorf. Alle Leute schauten zu und lachten sich halbtot. Er aber hatte immer noch Langeweile.
Eines Tages dachte er: Versuch die Geißen auf den Hinterbeinen gehen zu lassen. „Ich möchte, daß alle meine Geißen nur auf den Hinterbeinen gingen!" wünschte er. Und wahrhaftig, alle stellten sich auf die Hinterfüße, und so exerzierte er eine Weile mit ihnen. Nachher ließ er sie auf die Weide gehen, bis sie gut genährt waren. Dann machte er sich auf den Heimweg. Bevor das Dorf in Sicht kam, ließ er seine Ziegen anhalten und teilte sie in Viererreihen ab, voraus die Böcke und nacheinander die großen Geißen, dann die kleinen, ließ seinen Pfiff ertönen und sagte: „Jetzt möchte ich, daß alle meine Geißen

sich auf die Hinterfüße stellen." Und wirklich, alle standen empor. Und er ging mit ihnen in militärischer Art weiter. Die Böcke, ihre Beutel gerade ausgestreckt, und dann die Ziegen mit ihren Eutern, die hin und her pendelten. Er kam ins Dorf, und alles lachte zum Bersten, außer seinem Vater und seiner Mutter. Die dachten: Ist er ein Hexer, oder was ist er, denn etwas Gewöhnliches ist das nicht. Und im stillen trug sich noch mancher mit diesem Gedanken. Es war etwas ganz Seltsames. Er aber war noch nicht zufrieden. Eines Tages dachte er: Nun muß ich noch jeder Ziege einen Stock als Gewehr zwischen die Vorderbeine geben. Er probierte es mit ein paar Geißen auf der Alp, und es ging wirklich. „Nun", sagte er, „muß ich für alle Ziegen Stöcke schneiden."

Wir aber lassen ihn Stöcke schneiden und kehren zur Prinzessin zurück, denn er brauchte ungefähr drei Wochen, um für alle Ziegen Stöcke zu schneiden.

Solche lokalen Abwandlungen sind hübsch und humorvoll — aber sie prägen den Stil des Märchens nicht. Sie sind ein leichtes und erfrischendes Wellenspiel an der Oberfläche — der Grundstil des Volksmärchens, wie wir ihn skizziert haben, bleibt unverändert. Das äußere Gewand des Märchens wechselt, seine Struktur und seine Erzählweise ist im wesentlichen immer und überall dieselbe.

Nachweis der Zitate:

Die Geschichte von Fenchelchen steht bei Berta Ilg, Maltesische Märchen und Schwänke, aus dem Volksmund gesammelt, 1. Teil, Hannover 1909, S. 6—11. — Das Märchen vom Wasser des Lebens findet sich bei Kurt Ranke, Schleswig-holsteinische Volksmärchen, Bd. II, Kiel 1968, S. 200—210 und bei Elfriede Moser-Rath, Deutsche Volksmärchen, Düsseldorf-Köln 1966, S. 70—76. — Marc Soriano, Les contes de Perrault. Culture savante et traditions populaires, Paris 1968, S. 143 ff. — Die Verse von Heine entstammen dem Gedicht „Seegespenst". — Das Märchen von dem graubündnerischen Ziegenhirten Gion ist in meinen Europäischen Volksmärchen, Zürich 1951 u. ö., S. 279—300, zugänglich. Es ist den Rätoromanischen Märchen, herausgegeben von Leza Uffer, Basel 1945, entnommen; man findet es auch in Die Märchen des Barba Plasch, herausgegeben von Leza Uffer, Zürich 1955.

Literatur:

Die hier entwickelte Interpretation der Gattung Märchen ist begründet und belegt in meinen Büchern: Das europäische Volksmärchen, Form und Wesen, 5. Aufl. München 1976 (Uni-Taschenbuch 312); Volksmärchen und Volkssage, 3. Aufl. Bern und München 1975; Volksliteratur und Hochliteratur — Menschenbild, Thematik, Formstreben, Bern und München 1970 (enthält neben andern Aufsätzen acht das Märchen betreffende, darunter „Familie und Natur im Märchen" und „Freiheit und Bindung im Volksmärchen"); Das Volksmärchen als Dichtung. Ästhetik und Anthropologie, Düsseldorf/Köln 1975.

DIE SIEBEN RABEN

In der Grimmschen Fassung des Märchens von den sieben Raben schickt der Vater einen seiner sieben Buben aus, Wasser zu holen für die Nottaufe des kleinen Schwesterchens. Die andern sechs laufen mit, und im Gedränge fällt ihnen der Krug in den Brunnen.

Da standen sie und wußten nicht, was sie tun sollten, und keiner getraute sich heim. Als sie immer noch nicht zurückkamen, ward der Vater ungeduldig und sprach: „Gewiß haben sie es wieder über ein Spiel vergessen, die gottlosen Jungen." Es ward ihm Angst, das Mädchen müßte ungetauft verscheiden, und im Ärger rief er: „Ich wollte, daß die Jungen alle zu Raben würden." Kaum war das Wort ausgeredet, so hörte er ein Geschwirr über seinem Haupt in der Luft, blickte in die Höhe und sah sieben kohlschwarze Raben auf- und davonfliegen.

Die Eltern können die Verwünschung nicht zurücknehmen, es bleibt ihnen nur das Töchterchen. Das wächst auf und wird mit jedem Tag schöner. Lange Zeit weiß es nichts davon, daß es sieben Brüder hat, schließlich aber erfährt es, was geschehen ist. Da hat es keine Ruhe mehr. Es macht sich auf, seine Brüder zu suchen und zu erlösen.

Es nahm nichts mit sich als ein Ringlein von seinen Eltern zum Andenken, einen Laib Brot für den Hunger, ein Krüglein Wasser für den Durst und ein Stühlchen für die Müdigkeit.
Nun ging es immer zu, weit, weit bis an der Welt Ende. Da kam es zur Sonne, aber die war zu heiß und fürchterlich und fraß die kleinen Kinder. Eilig lief es weg und lief hin zu dem Mond, aber der war gar zu kalt und auch grausig und bös, und als er das Kind merkte, sprach er: „Ich rieche, rieche Menschenfleisch." Da machte es sich geschwind fort und kam zu den Sternen, die waren ihm freundlich und gut, und jeder saß auf seinem beson-

dern Stühlchen. Der Morgenstern aber stand auf, gab ihm ein Hinkelbeinchen und sprach: „Wenn du das Beinchen nicht hast, kannst du den Glasberg nicht aufschließen, und in dem Glasberg da sind deine Brüder."

Das Mädchen nahm das Beinchen, wickelte es wohl in ein Tüchlein und ging wieder fort so lange, bis es an den Glasberg kam. Das Tor war verschlossen, und es wollte das Beinchen hervorholen, aber wie es das Tüchlein aufmachte, so war es leer, und es hatte das Geschenk der guten Sterne verloren. Was sollte es nun anfangen? Seine Brüder wollte es erretten, und hatte keinen Schlüssel zum Glasberg. Das gute Schwesterchen nahm ein Messer, schnitt sich ein kleines Fingerchen ab, steckte es in das Tor und schloß glücklich auf. Als es eingegangen war, kam ihm ein Zwerglein entgegen, das sprach: „Mein Kind, was suchst du?" „Ich suche meine Brüder, die sieben Raben", antwortete es. Der Zwerg sprach: „Die Herren Raben sind nicht zu Haus, aber willst du hier so lang warten, bis sie kommen, so tritt ein." Darauf trug das Zwerglein die Speise der Raben herein auf sieben Tellerchen und in sieben Becherchen, und von jedem Tellerchen aß das Schwesterchen ein Bröckchen, und aus jedem Becherchen trank es ein Schlückchen; in das letzte Becherchen aber ließ es das Ringlein fallen, das es mitgenommen hatte.

Auf einmal hörte es in der Luft ein Geschwirr und ein Geweh, da sprach das Zwerglein: „Jetzt kommen die Herren Raben heimgeflogen." Da kamen sie, wollten essen und trinken und suchten ihre Tellerchen und Becherchen. Da sprach einer nach dem andern: „Wer hat von meinem Tellerchen gegessen? Wer hat aus meinem Becherchen getrunken? Das ist eines Menschen Mund gewesen." Und wie der siebente auf den Grund des Bechers kam, rollte ihm das Ringlein entgegen. Da sah er es an und erkannte, daß es ein Ring von Vater und Mutter war, und sprach: „Gott gebe, unser Schwesterlein wäre da, so wären wir erlöst." Wie das Mädchen, das hinter der Türe stand und lauschte, den Wunsch hörte, so trat es hervor, und da bekamen alle die Raben ihre menschliche Gestalt wieder. Und sie herzten und küßten einander und zogen fröhlich heim.

Was steht hinter dieser seltsamen Rabengeschichte, die von den Brüdern Grimm im Tone eines Kindermärchens, unter reichlichem Gebrauch von Verkleinerungssilben, erzählt wird? Es ist eines der Märchen, die geradezu nach Deutung rufen. Aber unsere Versuche, das Märchen zu verstehen, dürfen nicht willkürlich sein. Sorgfältig sind die einzelnen Motive zu befragen und die ganze Erzählung im Zusammenhang mit verwandten Märchen zu untersuchen. Denn das ist als erstes zu sagen: Die Geschichte von den sieben Raben ist nicht vereinzelt, sie ist nur eine unter zahlreichen ähnlichen Erzählungen, die über viele Länder hin verbreitet sind. Die Brüder Grimm selber haben sie aus zwei verschiedenen Varianten zusammengesetzt. Der Anfang gefiel ihnen in einer Wiener Erzählung besonders gut, den weiteren Verlauf haben sie nach einer in der Maingegend gehörten Fassung gegeben. Während man heute Sagen und Märchen möglichst getreu so wiedergibt, wie man sie gehört hat, versuchten die Brüder Grimm nicht selten durch Kombination verschiedener Versionen eine Art Idealfassung zu gewinnen. Denn sie glaubten, in den Märchen Überbleibsel alter Mythen vor sich zu haben; ihre Treue galt nicht dem Wortlaut, sondern dem untergegangenen mythischen Gut, das sie bald da, bald dort meinten durchschimmern zu sehen, so daß sie es hie und da wagten, die eine Erzählung durch die andere zu ergänzen. In ihrer Sammlung stehen noch zwei dem Märchen von den „Sieben Raben" ähnliche Geschichten: „Die zwölf Brüder", aus zwei Hessischen Erzählungen zusammengesetzt, und „Die sechs Schwäne", ein Märchen, das den Brüdern Grimm im Jahre 1812 von Dortchen Wild, der späteren Gattin Wilhelm Grimms, erzählt worden ist. Johannes Bolte und Georg Polívka haben in ihren Anmerkungen zu den Kinder- und Hausmärchen eine große Zahl von Varianten zusammengestellt. Wenn schon in der Sammlung der Brüder Grimm selber das eine Mal Raben, das andere Mal Schwäne erscheinen, so tauchen in anderen Fassungen eine Fülle weiterer Verwandlungsformen auf: Rehböcke in Schleswig-Holstein, Schweine in Siebenbürgen, Schafe und weiße Ochsen in Frankreich, Wölfe und Adler in Rußland, Störche in Polen, Wildgänse und Kraniche in Ungarn, Enten in Norwegen, Tauben in Italien... Was bedeuten solche Tierverwandlungen? Mehrere Anzeichen weisen darauf hin, daß hier an ein Eingehen ins Reich des Todes zu denken ist. Am häufigsten werden die Knaben in Vögel verwandelt. Der Vogel aber ist ein Seelentier, im Glauben der Naturvölker ist er die Verwandlungsform eines verstorbenen Menschen. Auch andere Tiere können das sein, bei Vögeln jedoch liegt eine solche Annahme besonders nahe. Unter den Vögeln wiederum dominieren die Raben. Auch Schwäne sind nicht selten; Schwarz und Weiß sind beides Todesfarben, und Raben gelten als Leichenvögel oder als Begleiter des Totengottes. Dazu kommt, daß in einzelnen Erzählungen der Vater seinen Söhnen wirklich den Tod wünscht und Anstalten trifft, sie umzubringen; so im Grimmschen Märchen von den zwölf Brüdern. Ein drittes Anzeichen: Die sieben Brüder werden nach ihrer Verwünschung in den Glasberg entrückt. Der Glasberg aber ist ein Totenberg. Berge überhaupt sind im Glauben früherer Zeiten immer wieder Wohnungen der Toten. Die ägyptische Pyramide ist ein künstlicher Berg, in christlicher Zeit werden die Gletscher des Hochgebirges als ein Ort der armen Seelen angesehen, und auch das Innere der Berge birgt Geister und Zwerge, die sich als Totengeister erklären lassen. In unserer Erzählung trifft das Schwesterchen im Glasberg zuerst auf einen Zwerg. Totenmythen erzählen von einem gläsernen Berg, den die Toten zu erklimmen haben. Noch 1890 ist eine litauische Volksüberlieferung aufgezeichnet worden:

Früher pflegten die Menschen die abgeschnittenen Nägel nicht auf den Boden zu werfen. Sie versteckten sie in ihrer Brusttasche, weil sie glaubten, daß der Mensch, wenn er stirbt, über eine gläserne Brücke auf einen gläsernen Berg klettern müsse.

Nägel oder Tierklauen wurden den Toten mitgegeben, damit sie mit ihnen im Totenreich den Glasberg zu erklimmen imstande seien. Auch daß der Glasberg in mehr als einer Erzählung nur mit einem Knöchelchen geöffnet werden kann, weist darauf hin, daß er der Totenberg ist: Gleiches kann nur durch Gleiches bezwungen werden. Totengebein verschafft Zutritt zum Totenberg, es ist eine Art Sympathiezauber. Schließlich deutet auch die menschenfresserische Gefährlichkeit von Sonne und Mond auf die Welt des Todes.
Die Geschichte von den sieben Raben erzählt, wie so viele andere Märchen, besonders deutlich etwa „Dornröschen", „Schnee-

wittchen", „Die zwei Brüder", von Tod und Auferstehung. Während aber Dornröschen und Schneewittchen und der eine der beiden Brüder im Drachentötermärchen wirklich sterben oder wenigstens in Todesschlaf sinken und dann wieder erweckt werden, versteckt sich in der Erzählung von den sieben Raben die Todeswirklichkeit hinter dem Bild der Verwandlung in Tiere und dem des Aufenthalts im Glasberg. Der unbefangene Hörer denkt nicht daran, daß die Tierverwandlung und die Entrückung den Übergang in die Welt der Toten bedeutet, so wenig wie er den Glasberg als Totenberg und den Zwerg als Totenwesen erkennen oder auch nur empfinden wird. Die Realität des Sterbens, des Eingangs in das Reich des Todes hat sich verflüchtigt — nicht ohne Spuren zu hinterlassen und nicht ohne unterschwellig doch noch leise da zu sein. Im wesentlichen aber liegt der Akzent für den heutigen Hörer nicht mehr auf Tod und Auferstehung, sondern auf Verwünschung und Erlösung. Nach Märchenweise ereignet sich die Verwünschung spielend leicht. Dem Vater ist es gar nicht ernst mit seinem Wunsch; aber kaum ausgesprochen, ist er schon erfüllt. Unser Märchen spielt in der Zeit, da das Wünschen noch half. Daß diese imaginäre Zeit nicht lauter Glück bringt, wird hier eindrücklich dargetan. Wie gut, daß es in der Wirklichkeit anders ist, mag mancher Hörer oder Leser sich sagen, wie gut, daß im wirklichen Leben die Brücke vom Wunsch zur Erfüllung immer erst gebaut werden muß. Die Zeit, da das Wünschen noch half, muß eine schreckliche Zeit gewesen sein. Nicht nur Midas, dem alles, was er berührte, zu Gold wurde — auch das Wasser, das er trinken wollte — weiß davon zu erzählen. Es gibt eine ganze Gruppe von Geschichten, die unter dem Namen „Die törichten Wünsche" laufen; eine von ihnen steht in den „Kinder- und Hausmärchen", eine andere in Johann Peter Hebels „Schatzkästlein". In den „Sieben Raben" ist das Motiv des verderblichen Wunsches ein bloßes Rand- oder Rahmenmotiv. Doch bringt es eindringlich zum Bewußtsein, wie leicht der Mensch durch seine Gedanken und Wünsche andere und sich selber schädigt. Unbeherrschte Äußerungen und Verhaltensweisen der Eltern können auch in der Wirklichkeit den Kindern Übles antun. Die Heilung, die geschieht dann nicht so leicht. In unserem Märchen führen nicht die Eltern sie herbei. Es bedarf der Liebe der unschuldigen Schwester. Aber der Weg zu den Brüdern ist lang und mühsam und gefährlich, und schließlich muß sie sich einen Finger abschneiden, um in den gläsernen Berg zu gelangen. Damit freilich ist das große Werk vollbracht. Das Schwesterchen — die Verkleinerungssilben zeigen, daß die Erzählung verniedlicht ist — braucht nun nur noch von jedem Tellerchen etwas zu essen und aus jedem Becherchen etwas zu trinken und durch den Ring sich zu erkennen zu geben, da sind die Brüder erlöst. Das Essen und Trinken von dem den Brüdern bereiteten Mahl kann realistisch erklärt werden — das Mädchen hat Hunger nach der langen Wanderung — oder symbolisch — es ist eine unio mystica, ein Liebesmahl, das Gemeinschaft stiftet zwischen der Erlöserin und den zu Erlösenden, zwischen der Lebenden und dem Jenseitsreich; so aber, wie es hier und in anderen Märchen erzählt wird, ist es im wesentlichen nur noch Ornament. Der schwerelosen Verwünschung im Anfang entspricht eine schwerelose Erlösung am Schluß. Diese Entsprechung gehört zu der wirkungsvollen Komposition des Märchens. „Ich wollte, daß die Jungen alle zu Raben würden", das war das Wort des Vaters am Anfang, und es ging sogleich in Erfüllung. Jetzt hören wir die Brüder sprechen: „Gott gebe, unser Schwesterlein wäre da, so wären wir erlöst." Die bloße Gegenwart genügt. Der Wunsch erfüllt sich auf der Stelle.

In anderen Erzählungen ist der Weg zur Erlösung der geschädigten Brüder schwerer zu gehen. Das Mädchen darf sieben Jahre lang nicht sprechen und nicht lachen — so erzählt es das Grimmsche Märchen von den zwölf Brüdern, die in Raben verwandelt worden sind. In den „Sechs Schwänen", ebenfalls bei Grimm, wird eine weitere Bedingung hinzugefügt: „Du darfst sechs Jahre lang nicht sprechen und nicht lachen und mußt in der Zeit sechs Hemdchen für uns aus Sternenblumen zusammennähen. Kommt ein einziges Wort aus deinem Munde, so ist alle Arbeit verloren." In Hans Christian Andersens berühmter Erzählung „Die wilden Schwäne", die auf ein Volksmärchen zurückgeht, wird die Aufgabe der Schwester noch schärfer gefaßt: nicht aus Sternenblumen, aus N e s s e l n muß sie die Hemden der Brüder flechten, und auf den Gräbern des Kirchhofs soll sie diese Nesseln pflücken: an einem unheimlichen Ort also brennende Nesseln holen und dann mit diesen hantieren. Es ist, als ob die einzelnen Varianten miteinander wetteiferten, das Gesetz der extremen Ausformung, das der Gattung Märchen innewohnt, zu erfüllen. Sie streben einem Ziele zu, einzelne von ihnen stoßen weit vor in der Richtung auf dieses Ziel hin, andere weniger weit. Zugleich kommt n o c h eine Tendenz des Volksmärchens zur Geltung. Das Schweigen bleibt nicht ein bloßes Symbol des Willens und der Kraft zum Durchhalten und Entsagen. Es ist zugleich ein Motiv, das den Keim zu Verwicklungen in sich trägt, es dient der Handlungsfreude des Märchens. Die beharrlich Schweigende wird verdächtigt und verleumdet und muß alles über sich ergehen lassen. Bei Grimm und vor allem bei Andersen wird dieser Teil der Erzählung sentimentalisiert. In ganz anderem Ton erzählt das Volk. Im Jahre 1927 hat G. Fr. Meyer eine Version unseres Märchentyps in Schleswig-Holstein gehört und aufgezeichnet. Die Erzählerin, Emma Bendt in Niendorf auf Fehmarn, Frau des Ökonomen im Armenhaus, aus Göteborg stammend, ist stofflich wohl von Andersen irgendwie beeinflußt, aber die Art der Erzählung ist karger und kraftvoller, sie entspricht dem Geschmack unseres Jahrhunderts in weit höherem Grade. Die Geschichte ist niederdeutsch aufgezeichnet worden, wir geben eine wortgetreue Übersetzung in die Schriftsprache.

Gleich den anderen Morgen fängt sie an und pflückt Nesseln und sitzt und spinnt und knüpft und sagt kein Wort dabei. Die Hände sind ihr aufgelaufen von der Arbeit mit den Nesseln, und manchmal kann sie fast nicht mehr; aber sprechen und klagen durfte sie ja nicht. Dann saßen ihre Brüder bei ihr und weinten, und dann war alles wieder gut, dann ließ sie sich die Arbeit nicht mehr verdrießen. Sie hatte schon sieben oder acht Hemden zurecht, da war der König des Landes einmal auf der Jagd in jenem Wald. Er kommt zu der Hütte und sieht das Mädchen da spinnen, und er fängt mit ihr zu sprechen an. Sie sagt aber kein Wort und er sieht ihr zu bei der Arbeit und guckt ihr in die Augen und verliebt sich in sie und will sie mithaben auf sein Schloß. Er ließ einen Wagen kommen, und sie kann mitnehmen, was sie mithaben will. Sie nimmt die Hemden mit, die sie schon zurecht hatte, und Nesseln nimmt sie auch mit, und dann fährt der König mit ihr ab nach seinem Schloß, und da ward die Hochzeit gefeiert, und sie ward seine Frau. Da ist aber eine alte Frau in dem Schloß gewesen bei dem König, das war eine greuliche Hexe, die konnte die junge Königin nicht leiden. Sie hatte eine Tochter, diese Alte, und sie hätte haben wollen, der König solle sie zur Frau nehmen. Die Königin aber saß immer da und spann und knüpfte, und als die Nesseln alle waren, geht sie selber hin auf den Kirchhof welche pflücken. Das sieht die Alte mal, und sie sagt zu dem König: „Du hast eine Hexe genommen, sie geht hin auf den Kirchhof." „Laß sie nur", sagt der König — er hatte das auch schon gesehen — „sie will was zu tun haben", sagt er. Da kommt die Zeit, daß die Königin einen kleinen Jungen kriegt, sie hatte eben das elfte Hemd anfangen wollen. Die alte Hexe aber kommt herzu und nimmt nachts das kleine Kind aus dem Bett heraus, legt kleine Knochen unter das Bett und beschmiert das Bett auch noch mit Blut. Am andern Morgen geht sie hin zum König: „Du hast eine Menschenfresserin zur Frau genommen", und der König muß mit ihr gehen und sieht das nun. „Laß uns davon bloß nicht sprechen", sagt er, er konnte sich von seiner Frau einfach nicht trennen. Die Alte spricht aber doch davon, und als das zweite Kind geboren ist, da macht sie alles just so wie beim ersten. Der König sieht das, und die Königin weint, aber sie durfte ja nichts sagen. „Das erste Mal hast du es ihr vergeben", sagte die Alte, „nochmal kannst du das nicht wieder, das Volk verlangt, daß die Menschenfresserin gerichtet werde." Da mußte der König das Gericht holen, und die Richter sagten: „Sie muß verbrannt werden, einen anderen Tod gibt es nicht für so eine Hexe." Die Königin hört das, und sie weint, aber sagen wollte sie ja nichts, sie war eben dabei, das letzte Hemd zu knüpfen, sie hatte bloß noch einen Ärmel nicht, und knüpfte und knüpfte, und als sie auf den Karren gesetzt ward, und der Sünder-Esel wurde davor gespannt, da knüpfte sie auch noch, als sie mit ihr wegfuhren, und die Hemden hatte sie alle mitgenommen. Vor der Stadt draußen soll sie verbrannt werden, und als sie unterwegs dabei ist, den letzten Ärmel zu knüpfen, da fingen die Leute an zu rufen: „Schau, die Hexe ist bei ihrem Hexenwerk, schau doch die Menschenfresserin!" Sie hatte den Ärmel schon fast zurecht, da kamen elf Schwäne an-

geflogen, die setzten sich zu ihr auf den Karren nieder. Da weicht das Volk zurück. „Was ist das", rufen die Leute, „das bedeutet doch etwas Gutes, sonst wären Krähen zu ihr hingekommen." Und als sie auf der Richtstatt ankommt, da ist da ein Priester, der sagt zu der Königin, sie solle doch bekennen, was sie getan habe. Sie sagt aber nichts und knüpft und hat den Ärmel just zurecht, als das Feuer angezündet werden soll. Da drängen sich die elf Schwäne alle um sie herum und setzen sich ihr fast auf den Schoß. „Nun red mal, kleine Schwester", sagen sie. Und sie warf ihnen die Hemden über, und da stehen mit einem Mal elf Prinzen um sie herum, das waren ihre Brüder, die hatte sie nun erlöst. Und da durfte sie sprechen, die Königin, da erzählt sie von Anfang zu Ende, wie ihr geschehen war, und die alte Hexe, als sie das hört, fällt sie auf die Knie und will um ihr Leben bitten. Sie muß aber sagen, wo sie mit den Kindern geblieben ist. Die hatte sie in eine Köhlerhütte gebracht in den Wald, und als die kleinen Kinder geholt wurden und die Leute das sahen, da wollten sie das nicht anders haben, da brachten sie die alte Hexe zur Richtstatt, und sie wurde verbrannt ...

Die Erzählung der 74jährigen Frau Bendt, die, von schwedischer Herkunft, im Holsteinischen lebte, steht hier für viele andere, die ähnlich den schweren Weg zur Erlösung zeichnen. Sie tun es in der uns nun schon bekannten Art des Märchens. Die innere Not des Mädchens, das Ringen mit sich selber, Zweifel und Anfechtungen in ihrer Seele werden mit keinem Wort erwähnt. Auch nicht die Freude, als die Brüder zur Rettung herbeifliegen. In den Grimmschen „Kinder- und Hausmärchen" steht an dieser Stelle: „Da sah sie, daß ihre Erlösung nahte, und ihr Herz regte sich in Freude." Das ist literarisches Beiwerk. In der holsteinischen Erzählung nichts dergleichen; Schmerz und Freude werden vielmehr ins sichtbare Bild übersetzt: das Mädchen und die Brüder weinen, und nach der Erlösung wird ein großes Fest gefeiert. Von der inneren Anspannung, die durch immer neue erbarmungslose Prüfungen ins kaum Erträgliche gesteigert wird, ist nicht die Rede. Aber wie kommt sie zum Ausdruck in den Worthäufungen: „Sie sitzt und spinnt und knüpft und sagt kein Wort dabei." „Sie hatte bloß noch einen Ärmel nicht, und sie knüpfte und knüpfte, und als sie auf den

Karren gesetzt ward, und der Sünder-Esel wurde davor gespannt, da knüpfte sie auch noch, als sie mit ihr wegfuhren..." Inneres in Äußeres zu verwandeln, „Seelenzustände in Erscheinung umzusetzen", das hat Carl Spitteler „das oberste Gesetz epischer Kunst" genannt. Das Volksmärchen erfüllt es. Wer die Erzählweise Andersens damit vergleicht, ist befremdet, wie hohl die Worte des großen Dichters tönen:

Ein armseliges Pferd zog den Karren, auf welchem sie saß; man hatte ihr einen Kittel von grobem Sackleinen angezogen, ihr herrliches, langes Haar hing lose um den schönen Kopf, ihre Wangen waren totenbleich, ihre Lippen bewegten sich leise, während die Finger den grünen Flachs drehten. Selbst auf dem Weg zu ihrem Tod ließ sie die begonnene Arbeit nicht los, die zehn Panzerhemden lagen zu ihren Füßen, an dem elften strickte sie; der Pöbel verhöhnte sie. „Sieh die rote Hexe, wie sie murmelt! Kein Gesangbuch hat sie in der Hand, mit ihrer häßlichen Gaukelei sitzt sie da. Reißt sie ihr in tausend Stücke...!"

Gegen die streng auf die Handlung sich beschränkende Erzählung der einfachen Frau wirkt Andersens Ausmalen und Beschreiben zudringlich, indezent und schwächlich. „Der Pöbel verhöhnte sie", Pøbela forhaanede hende. Pöbel ist ein papierenes, zugleich ein oberschichtlich verächtliches Wort. Bei Frau Bendt lebt alles. Sie gibt ungefärbt, ohne subjektive Wertung, die Wirklichkeit: „Do ward de Lüd ropen..." Bloßer Pöbel sind diese „Leute" nicht; sie erfassen sofort, rascher als der Priester, was das Erscheinen der Schwäne bedeutet.

In den zuletzt besprochenen Varianten ist die Schwere der Opferleistung viel stärker herausgearbeitet als in der Grimmschen Erzählung von den sieben Raben. Aber auch in ihnen herrscht der sublimierende Stil des Märchens: das äußere Bild wird gegeben, die Tiefen der Seele werden nicht ausgeleuchtet. Daneben kommt der im Volksmärchen waltende Trieb zur Präzision schön zum Ausdruck: Erst im allerletzten Augenblick ist das Erlösungswerk vollbracht. Erst als der Scheiterhaufen angezündet wird, fliegen die elf Schwäne herbei. Zweimal gebraucht Frau Bendt das Wörtchen „just". Die Erlösung gelingt gerade noch knapp — aber dieses knapp heißt: mit höchster Präzision, in höchster **Vollendung**. Andere Varianten lieben es, an die Stelle des „**Gerade noch**" ein „**Mit einer kleinen Ausnahme**" zu setzen: Der zweite Ärmel am Hemd des jüngsten Bruders wird nicht fertig, der jüngste Bruder behält einen Flügel anstelle des einen Arms — in der formstrengen Gattung des Volksmärchens gibt es einen Spielraum der Freiheit, der Schwanenflügel macht deutlich, wie knapp das Erlösungswerk gelang — und spielt das Ganze am Ende ein wenig ins Humorvolle. Die böse Alte aber — in manchen Fassungen ist es die Mutter des Königs — erleidet genau das Schicksal, das sie dem unschuldigen Mädchen zugedacht hatte. Das Böse geht an sich selber zugrunde, wird mit seinen eigenen Waffen geschlagen.

Im Grimmschen Märchen von den sieben Raben, von dem wir ausgegangen sind und zu dem wir nun zurückkehren, ist die schwerelose, sublimierende Erzählweise besonders deutlich ausgeprägt. Das Abschneiden des Fingers muß ursprünglich eine schmerzvolle Opferhandlung gewesen sein. Im Grimmschen Märchen vollzieht sie sich spielend leicht. „Das gute Schwesterchen nahm ein Messer, schnitt sich ein kleines Fingerchen ab, steckte es in das Tor und schloß glücklich auf." Nicht das geringste Zögern — geschweige denn ein Seelenkampf. In der ersten Auflage las man auch noch nicht „das gute Schwesterchen", sondern nur „das Schwesterchen". Daß es hier um eine Opferhandlung geht, wird gar nicht angedeutet. Kein Schwanken, kein Ringen mit sich selbst, dann kein Laut des Schmerzes, auch Blut sehen wir nicht fließen, geschweige denn eine Fleischwunde entstehen — es ist, wie wenn einer Papierfigur ein Fingerchen abgeschnitten würde. Und nachher keine Behinderung, kein Gedanke daran, daß das Mädchen nun verkrüppelt sei. Und doch spürt man die Notwendigkeit des Vorgangs, der sich in vielen anderen Erzählungen ähnlich wiederholt. So im Bechstein-Märchen „Der weiße Wolf". Da bekommt das zum Glasberg wandernde Mädchen von einer ganzen Reihe von Helfern (Waldmutter, Wind, Sonne, Mond), die es mit einer Hühnersuppe speisen, allemal die Hühnerknöchlein geschenkt. Es sammelt sie sorgfältig, verliert aber eines davon.

Bald stand sie an dem gläsernen Berge, aber der war ganz glatt und glitschig, da war nicht hinauf zu kommen, aber da nahm die Königstochter alle Hühnerknöchlein von der alten Waldmutter, von dem Wind, von der Sonne und von dem Monde, und machte sich daraus eine Leiter, die wurde sehr lang, aber o weh, zuletzt fehlte noch eine einzige Sprosse, noch ein Glied. Da schnitt sich die Prinzessin das oberste Gelenk von ihrem kleinen Finger ab, und so tat es gut, und sie konnte nun rasch zum Gipfel des gläsernen Berges klimmen. Oben war eine große Öffnung, da führte eine schöne Treppe hinunter, und war alles voll Glanz und Pracht ...

Die Brüder Grimm selber berichten in ihren Anmerkungen zu den „Sieben Raben":

Von dem Glasberg kennen wir noch sonst aus dem Hanauischen eine Erzählung. Es war eine verzauberte Königstochter, die konnte niemand erlösen, als wer den Glasberg erstiegen hatte, worein sie gebannt war. Da kam ein junger Gesell ins Wirtshaus, zum Mittagessen wurde ihm ein gekocht Hühnchen vorgesetzt, alle Knöchlein davon sammelte er sorgfältig, steckte sie ein und ging nach dem Glasberg zu. Wie er dabei angekommen war, nahm er ein Knöchlein und steckte es in den Berg und stieg darauf, und dann als ein Knöchlein und als eins, bis er so fast ganz hinaufgestiegen war. Er hatte nur noch eine einzige Stufe übrig, da fehlte ihm aber das Knöchelchen, worauf er sich den kleinen Finger abschnitt und in den Glasberg steckte; so kam er vollends hinauf und erlöste die Königstochter.

Wiederum vollzieht sich die Opferhandlung in Selbstverständlichkeit und leicht. Sie ist hier besser eingebaut als in der Erzählung von den sieben Raben. Dort versteht man nicht recht, wie das Mädchen auf den Gedanken kommt, sein Finger könne ihm den gleichen Dienst tun wie das Geschenk des Sterns; hier leuchtet es ein, daß der Gesell, der die Leiter aus den Hühnerknochen bis zum letzten Sprosse erbaut hat, diese letzte nun aus Eigenem ergänzt. Auch fällt auf ihn nicht der Tadel der Nachlässigkeit, der doch bei dem Mädchen, das das kostbare Geschenk des Morgensterns verloren hat, naheliegt. Hingegen behält der Glasberg, in den die Königstochter „gebannt" ist, etwas von seinem magischen Glanz, während er im Märchen von den sieben Raben fast nur noch ein Stilelement ist: Ein gläserner Berg fügt sich besonders schön in den durchsichtigen Stil des Märchens. «Hercule changé en hirondelle», diese Formel von Paul Valéry — Herkules zur Schwalbe verwandelt — für den Dichter Werner Zemp, dessen nachgelassene Briefe vor kurzem veröffentlicht worden sind, erschließt sie das Wunder der Dichtung überhaupt. Er stellt sie an die Seite des Goetheschen „Nur ein Hauch sei dein Gedicht". «Hercule changé en hirondelle». Die Worte sind wie zugeschnitten auf das Märchen. Schweres Schicksalsgeschehen, geistige und seelische Vorgänge sind in ihm zu durchscheinenden Bildern geworden, die leicht in den Hörer eingehen. In ihnen nimmt er Menschheitserfahrungen in sich auf. Der Religions- und Mythenforscher Mircea Eliade spricht von einer Art Initiation.

Viele Wissenschaften bemühen sich um die Interpretation unserer Volksmärchen. So auch die Psychologie, besonders intensiv und eindringlich die psychologische Anthropologie Jungscher Prägung. Was weiß sie zum Märchen von den sieben Raben zu sagen? Jung und seine Schule sind der Überzeugung, daß das Märchen im wesentlichen innerseelisches Geschehen spiegele. Wenn auch manches andere in ihm enthalten sei, seine eigentliche Faszinationskraft gehe davon aus, daß in ihm Vorgänge im Unbewußtsein des Menschen bildhaft zum Ausdruck kommen. Hedwig von Beit und Marie-Louise von Franz, die eine monumentale **Symbolik des Märchens** geschrieben haben, nennen die Tierverwandlung eine Regression auf die Tierstufe und deuten diese als ein Zurückgleiten des Menschen in einen Zustand größerer Unbewußtheit, ein Zurücktauchen ins Unbewußte, wie es zuzeiten nötig und fruchtbar sei zur Erneuerung und Integrierung der menschlichen Persönlichkeit. In jenen Märchen, in denen die Brüder die Gestalt von Vögeln bekommen, sei angedeutet, daß solches Zurücksinken ins Unbewußte zugleich die Möglichkeit einer Vergeistigung in sich trage. Die Brüder sind nach ihrer Verwandlung und Erlösung nicht mehr dieselben wie vorher. Sie gehen gereift aus einem Schicksal hervor, das sie ins Reich des Unbewußten ebenso wie in das des Geistes geführt hat. Die Schwester spielt eine doppelte Rolle, sie ist Vermittlerin zwischen Unbewußtsein und Bewußtsein, sie bringt die Seele in Kontakt mit dem Unbewußten und bringt sie eben dadurch zu einem höheren Bewußtsein. Ihr langes Wandern deutet die Entsagung an, das Rede- und Lachverbot die Introversion, die Abwendung von der Welt, die Konzentration auf die innere Entwicklung.

Recht und Gefahr einer solchen psychologisch-anthropologischen Deutung sind, denke ich, in dieser knappen und groben Zusammenfassung sichtbar geworden. Es leuchtet durchaus ein, daß das Märchen nicht nur zwischenmenschliche, sondern auch innerseelische Vorgänge verbildlicht. Die Auseinandersetzung mit sich selber kennzeichnet das Dasein des Menschen. Auch dort, wo wir uns mit der Außenwelt auseinandersetzen, handelt es sich unterirdisch zugleich um eine Auseinandersetzung mit uns selbst. Die Deutung der Tierverwandlung als Regression ins Unbewußte hat viel für sich, und wir glauben gerne, daß sie die Voraussetzung für Reifung und Integration bedeute. Aber im Märchen selber kommt es nicht zum Ausdruck, daß die Brüder nach ihrer Entzauberung eine höhere Stufe erstiegen haben. Hänsel und Gretel kommen mit Edelsteinen beladen zurück aus dem Hexenhaus. Bei den sieben Raben fehlt dieser Ausweis, da heißt es nur: Sie „bekamen ihre menschliche Gestalt wieder". Nur durch Vergleichung mit anderen Märchen, eben zum Beispiel mit „Hänsel und Gretel", können wir vermuten, daß bei den sieben Raben eine ähnliche Aufwärtsentwicklung anzunehmen sei. Aber das unbehagliche Gefühl, auf solche Weise etwas in das Märchen hineinzudeuten, bleibt. Es verstärkt sich, wenn wir Einzeldeutungen hören. Die Aufteilung des männlichen Helden in eine Vielheit, eben in sechs oder sieben, elf oder zwölf Brüder, sei ein Zeichen des Noch-nicht-ganz-Seins, der Unreife also, eine Entwicklung sei notwendig. Aber: am Ende sind es ja eben doch immer noch sieben Brüder, die Vielheit ist nicht aufgehoben. Noch problematischer werden die Dinge, wenn das Abschneiden des Fingers als ein Abschneiden der geheimen Verbindung des Mädchens mit dunklen Unterweltsmächten gedeutet wird. Hier öffnet sich der Willkür Tür und Tor. Einleuchtender ist der Hinweis, daß in jenen Varianten, wo im zweiten Teil des Märchens der Heldin von der hexenhaften Schwiegermutter Hunde anstelle der Kinder untergeschoben werden, die nachwirkende Bindung des Mädchens ans dumpfe Unbewußte zum Ausdruck komme. Aber auch diese Deutung ist noch reichlich kühn. Solche symbolische Auslegung bleibt in hohem Grade spekulativ.

Völkerkundliche Märchenforschung bemüht sich, die Motive des Märchens mit alten, in der Antike nachweisbaren und bei Naturvölkern noch im 19. und 20. Jahrhundert beobachteten Riten in Verbindung zu bringen. So kommt in Reifezeremonien neben dem Ausschlagen eines Zahns auch das Abhacken des kleinen Fingers (der linken Hand) vor. Solch schmerzhafte Eingriffe sollen den Eintritt des Initianden in die Erwachsenenwelt bewirken und auch signalisieren. Da Reifezeremonien zunächst auf ein «abaissement du niveau mental» und in der Folge auf die Begegnung mit Toten und Dämonen zielen, setzt Heino Gehrts sie zu den Glasbergmärchen in Beziehung und deutet das Abschneiden des kleinen Fingers als „Abtötung der kindlichen Person, ihres Ichbewußtseins".

Wir halten uns an das, was unmittelbar von der Erzählung abgelesen werden kann. In der Geschichte von den sieben Raben hören wir von einem unheilvollen, in menschlichem Versagen gründenden Schicksal, das nur durch entsagende, standhafte, liebende Hingabe und Leistung wieder ins Gute gelenkt werden kann. Daß das nicht realistisch gezeichnet ist, sondern in kräftig ausgeformten, der Erinnerung des Zuhörers unverlierbar sich einprägenden Bildern, gehört zu der Eigenart, es gehört zu den Vorzügen des Volksmärchens. Alte Glaubensformen schimmern durch, sie sind eines der Anzeichen, daß es sich nicht um eine leere Fabelei handelt. Auffällig sind die vielen Züge, die dem Bereich des Totenglaubens entstammen. Mit der Vorstellung vom Seelentier verbindet sich in manchen Varianten die von der Seelenpflanze: Erst als das Schwesterchen die zwölf Blumen im Garten abschneidet, ereignet sich die Verwandlung ihrer Brüder in Schwäne. Tod und Leben, die Pole des Daseins, durchdringen die Geschichte. In ihrer Mitte steht eine Figur, die nicht nur unschuldiger Anlaß des Unheils wird, in noch höherem Grade als Dornröschen Trägerin schuldloser Schuld (um es mit einer in der Parzival-Interpretation geläufigen Formel zu sagen), sondern die schließlich alles ins Gute lenkt. Daß beides, Schädigung und Heilung, zuletzt von der gleichen Gestalt ausgeht – der verwünschende Vater spielt eine bloße Nebenrolle – ist besonders bedeutsam. Die Geschichte von den sieben Raben ist, über alle Symbolik hinaus, ein hohes Lied der Geschwisterliebe. Oskar Seidlin sagt von Goethes „Iphigenie", in ihr habe die Schwesterschaft ihre zarteste Verkörperung gefunden. Innerhalb des Volksmärchens ist die Schwester der sieben Raben oder der zwölf Schwäne die schönste und kraftvollste Verkörperung der Schwesterschaft. Wenn Orest eine Zeitlang glaubt, seine Schwester werde ihm mit eigenen Händen den Tod bringen, so bringt im Märchen die Schwester ihren Brüdern zunächst wirklich das Verderben. In beiden Dichtungen also schwingt die im Geschwisterverhältnis latente Spannung mit. In beiden Dichtungen aber darf die Schwester schließlich zur Erlöserin werden. Die lösende und heilende Kraft der namenlosen Schwester im Volksmärchen bewährt sich auf ihre Weise ebenso eindrücklich wie die der Goetheschen Iphigenie. Ähnlich wie der Sophokleischen Antigone ist ihr die jenseitige Welt (in deren Bann die Brüder stehen) wichtiger, wesentlicher, verpflichtender als die diesseitige. Ihre entsagende, tätige, standhafte Liebe, die ihr eigenes Glück und ihr eigenes Leben preiszugeben entschlossen ist und alle Qualen, Verleumdungen und Mißdeutungen zu ertragen die Kraft hat, ist für ungezählte Hörer und Hörerinnen dieser Geschichte zu einem machtvollen Leitbild geworden.

Nachweis der Zitate:

„Die sieben Raben" KHM 25 (vgl. KHM 9, „Die zwölf Brüder", KHM 49, „Die sechs Schwäne"). Dazu die Anmerkungen bei Bolte-Polívka; im Typenverzeichnis von Aarne-Thompson (= ATh) tragen die Märchen vom Typ der „Sieben Raben" die Nummer 451. — „Die wilden Schwäne" von Andersen sind in fast allen deutschsprachigen Ausgaben enthalten. — Die holsteinische Erzählung bei Kurt Ranke, Schleswig-holsteinische Volksmärchen, Bd. II, Kiel 1958, S. 72 ff. — „Der weiße Wolf" ist in den meisten Bechstein-Ausgaben enthalten. — Die Zitate von Spitteler in den Gesammelten Werken Bd. VII, Zürich 1947, S. 181, von Zemp (Valéry, Goethe) in Das lyrische Werk, Aufsätze, Briefe, herausgegeben von Verena Haefeli, Zürich 1967, S. 354, 483, von Eliade in La nouvelle Revue Française IV, 1956, S. 891 (deutsch bei Karlinger, S. 311), von Gehrts in Antaios X, 1968, S. 180, von Seidlin in Von Goethe zu Thomas Mann, Göttingen 1963 (Kleine Vandenhoeck-Reihe 170 S.), S. 12.

Literatur:

Der wichtigste und reichste Kommentar zu den Grimmschen Märchen und damit zu den europäischen Volksmärchen überhaupt ist das fünfbändige Werk von Johannes Bolte und Georg Polívka, Anmerkungen zu den Kinder- und Hausmärchen der Brüder Grimm, Leipzig 1913—1932, Neudruck Hildesheim 1963. Es enthält ausführliche Variantenverzeichnisse. Als Ergänzung kann Friedrich von der Leyen, Das deutsche Märchen und die Brüder Grimm, Düsseldorf/Köln 1964 (MdW), dienen, ferner Walter Scherfs Anmerkungen zu seiner Bechstein-Ausgabe, München 1965, und Walter Liungmans Kommentar zu den schwedischen Volksmärchen, Berlin 1961. — Unentbehrlich ist das von Antti Aarne begründete und von Stith Thompson ausgebaute internationale Verzeichnis der Märchentypen (zahlreiche Literaturangaben): The Types of the Folktale. A Classification and Bibliography. Second Revision Helsinki 1961 (= ATh). Es wird ergänzt durch nationale und regionale Typenregister; für weitere Kreise ist der Catalogue Raisonné der französischen Märchen von besonderem Interesse: Paul Delarue et Marie-Louise Tenèze, Le conte populaire français, 2 Bde, Paris 1957, 1964 (wird fortgesetzt). — Nützliche Dienste leisten die Enzyklopädie des Märchens, Handwörterbuch zur vergleichenden und historischen Erzählforschung, hrsg. von Kurt Ranke und andern, Berlin 1975 ff. (geplant sind 12 Bde, die ersten Lieferungen sind erschienen), das unvollendete Handwörterbuch des deutschen Volksmärchens, hrsg. von Lutz Mackensen, 2 Bde, Berlin 1930—1940, und das Handwörterbuch des deutschen Aberglaubens, hrsg. von Hanns Bächtold-Stäubli, 10 Bde, Berlin/Leipzig 1927—1942. — Für die strukturalistische Märchenanalyse ist repräsentativ Vladimir Propp, Morphologie des Märchens, Frankfurt a. M. 1975 (suhrkamp taschenbuch, russische Erstausgabe schon 1928), für die psychologische Märcheninterpretation Jungscher Richtung Hedwig von Beit (und Marie-Louise von Franz), Symbolik des Märchens, 3 Bde, Bern/München 1952—1957 u. ö. — Aufsätze verschiedener Forscher bringen Felix Karlinger, Wege der Märchenforschung, Darmstadt 1973, und Wilhelm Laiblin, Märchenforschung und Tiefenpsychologie, Darmstadt 1969 (Neudruck 1972.) — Zur Interpretation des Glasbergs und der Farben schwarz und weiß (Raben-Schwäne) vgl. Otto Huth, Der Glasberg, in Symbolon, Jahrbuch für Symbolforschung 2 (1950), und Josef Hanika, Der Wandel Schwarz-Weiß als Erzähl- und Brauchmotiv, Bayrisches Jahrbuch für Volkskunde 1961.

SCHNEEWITTCHEN

Wie in den „Sieben Raben" steht auch im Schneewittchen-Märchen ein junges Mädchen im Mittelpunkt. Aber wenn dort die Schwester zur Erlöserin ihrer Brüder werden darf, so ist hier die Heldin selber erlösungsbedürftig. Die Schwester der sieben Raben — oder welches auch die besondere Form der Tierverwandlung in den verschiedenen Varianten jenes von uns im vorangehenden Kapitel besprochenen Märchentyps sei — die Schwester der zu Tieren verwünschten Buben war ursprünglich der Grund des Unglücks ihrer Brüder, sie brachte, ohne es zu wollen oder auch nur zu wissen, Verderben über sie; dann aber machte sie sich auf, sie zu retten, sie wurde zur Helferin, zur Erlöserin, die ihr Rettungswerk in langem, schmerz- und entbehrungsreichem Durchhalten vollendete. Schneewittchen ist eine einfachere Figur, sie steht nicht in so kontrastreichen Spannungsverhältnissen. Obwohl nicht ganz ohne Schwächen, ist sie vor allem die Verfolgte, die unschuldig Leidende. Jedermann kennt das Märchen, es gehört zu den beliebtesten der Grimmschen Sammlung. Eine schöne, aber böse Königin kann es nicht ertragen, daß ihr Spiegel ihr sagt, sie sei weniger schön als ihre junge Stieftochter. Sie verstößt das Mädchen, sie gibt einem Jäger den Befehl, es im Walde zu töten; als das mißlingt — der Jäger hat Mitleid, und Schneewittchen gelangt nach langem Wandern zu den sieben Zwergen über den sieben Bergen — verfolgt sie es mit immer neuen Anschlägen, bis Schneewittchen wirklich oder wenigstens scheinbar dem Tode verfällt und von den Zwergen in einem gläsernen Sarg verschlossen wird. Erst als ein Prinz erscheint und den Glassarg mit sich forttragen läßt, fährt von der Erschütterung der giftige Apfelgrütz, den Schneewittchen aus der Hand der bösen Stiefmutter entgegengenommen und geschluckt hat, aus dem Hals, Schneewittchen erwacht zu einem neuen Leben, darf den Königssohn heiraten und Königin werden. Eine passive Heldin also. Und doch hat unter allen Märchengestalten gerade sie eine besondere Leuchtkraft gewonnen. Woran das liegen mag, gilt es zu ergründen. Zugleich aber möchten wir etwas von der vielfarbigen Verschiedenheit der zahlreichen Erzählungen des Schneewittchen-Typs vorführen.

Die Brüder Grimm selber kannten sechs deutschsprachige Schneewittchenmärchen, die in manchen Zügen recht stark voneinander abweichen. Ihre erste Quelle war die Erzählung von Jeanette Hassenpflug aus Kassel, einer Freundin der Schwestern Jenny und Annette von Droste-Hülshoff. Hier der Anfang dieser von Jeanette Hassenpflug stammenden Urfassung:

Es war einmal Winter und schneiete vom Himmel herunter, da saß eine Königin am Fenster von Ebenholz und nähte, die hätte gar zu gerne ein Kind gehabt. Und während sie darüber dachte, stach sie sich ungefähr mit der Nadel in den Finger, so daß drei Tropfen Blut in den Schnee fielen. Da wünschte sie und sprach: „Ach, hätte ich doch ein Kind, so weiß wie diesen Schnee, so rothbackigt wie dies rothe Blut und so schwarzäugig wie diesen Fensterrahm!" Bald darnach bekam sie ein wunderschönes Töchterlein, so weiß wie Schnee, so roth wie Blut, so schwarz wie Eben, und das Töchterlein wurde Schneeweißchen genannt. Die Frau Königin war die allerschönste Frau im Land, aber Schneeweißchen war noch hunderttausendmal schöner, und als die Frau Königin ihren Spiegel fragte:

> *„Spieglein, Spieglein an der Wand,*
> *wer ist die schönste Frau in ganz Engelland?"*

so antwortete das Spieglein: „die Frau Königin ist die schönste, aber Schneeweißchen ist noch hunderttausendmal viel schöner." Darüber konnte es die Frau Königin nicht mehr leiden, weil sie die schöneste im Reich wollte seyn. Wie nun der Herr König einmal in den Krieg verreist war, so ließ sie ihren Wagen anspannen und befahl, in einen weiten dunklen Wald zu fahren, und nahm das Schneeweißchen mit. In dem selben Wald aber standen viel gar schöne rothe Rosen. Als sie nun mit ihrem Töchterlein daselbst angekommen war, so sprach sie zu ihm: „ach, Schneeweißchen, steig doch aus und brich mir von den schönen Rosen ab!" Und sobald es, diesem Befehl zu gehorchen, aus dem Wagen gegangen war, fuhren die Räder in größter Schnelligkeit fort, aber die Frau Königin hatte alles so befohlen, weil sie hoffte, daß es die wilden Tiere bald verzehren sollten. Da nun Schneeweißchen in dem großen Wald mutterallein war, so weinte es sehr und ging immer weiter fort und immer fort und wurde sehr müd, bis es endlich vor ein kleines Häuschen kam. In dem Häuschen wohnten sieben Zwerge, die waren aber gerade nicht zu Haus, sondern ins Bergwerk gegangen. Wie das Schneeweißchen in die Wohnung trat, so stand da ein Tisch, und auf dem Tisch sieben Teller und dabei sieben Löffel, sieben Gabeln, sieben Messer und sieben Gläser, und ferner waren in dem Zimmer sieben Bettchen. Und Schneeweißchen aß von jedem Teller etwas Gemüse und Brot und trank dazu aus jedem Gläschen einen Tropfen und wollte sich endlich aus Müdigkeit schlafen legen. Es probierte aber alle Betterchen und fand ihm keines gerecht bis auf das letzte, da blieb es liegen.

Wir hören eine einfachere Sprache in dieser ersten Aufzeichnung. „Es war einmal Winter und schneiete vom Himmel herunter", heißt es schlicht, während die Brüder Grimm dem Satz eine vollere Form geben: „Es war einmal mitten im Winter, und die Schneeflocken fielen wie Federn vom Himmel herab." Die Brüder Grimm, namentlich Wilhelm, der jüngere von ihnen, haben in stilistischer Feinarbeit aus den mündlich erzählten Volksmärchen das kultivierte Buchmärchen geschaffen, und ihr Buch hat sich die Welt erobert. Dennoch ist das Feinere und Vollere nicht immer das Bessere. Die beiden Brüder waren, wie wir alle, Kinder ihrer Zeit, und ihre Zeit war die der späten Romantik und des beginnenden Biedermeier. Ordnung und Reinlichkeit, behagliche Häuslichkeit, Geborgenheit und Wärme, Vermenschlichung der Natur und der Dinge, wie sie dem bürgerlichen Biedermeier lieb waren, haben deutliche Spuren in den Kinder- und Hausmärchen hinterlassen. „Die Schneeflocken fielen wie Federn vom Himmel herunter" — da denkt man an Frau Holle, die ihr Bett schüttelt, daß die Federn fliegen: „‚Die Frau Holle macht ihr Bett', sagt man in Hessen, wenn es schneit", merken die Brüder Grimm an — eine recht gemütliche Anbiederung, wenn man die fremden, kalten Schneeflocken, die aus hoher Ferne zu uns herunterschweben, mit den Federn des behaglichen Federbetts gleichsetzt. Da ist uns Heutigen die volksmäßige Urfassung, die keine Vergleiche zieht, sondern dem Schnee seine Fremdheit beläßt, fast lieber. Die Geschichten der Brüder Grimm, so fein und entzückend und dichterisch manche ihrer Wendungen sind, tragen doch auch die Zeichen ihrer Zeit. Jedoch — nicht solche stilistischen Beobachtungen sollen uns nun fernerhin beschäftigen, sondern einige substantielle Abweichungen. Zunächst zwei Einzelheiten. „Schneeweißchen" ist der hochdeutsche Name, die Brüder Grimm aber sagen in ihren Anmerkungen, daß auch in hochdeutschen Gegenden der plattdeutsche Name „Sneewittchen" gebräuchlich sei, und deshalb haben sie sich für ihn entschieden. Seither hat sich eine Zwitterform eingebürgert, man spricht heute allgemein von Schneewittchen. Noch eine andere Stelle ist uns ungewohnt, die Frage an den Spiegel.

„Spieglein, Spieglein an der Wand,
Wer ist die schönste Frau in ganz Engelland?"

heißt es da, während uns die Verse der gedruckten Fassung letzter Hand im Ohre klingen:

„Spieglein, Spieglein an der Wand,
Wer ist die Schönste im ganzen Land?"

Wie kommt Jeanette Hassenpflug dazu, von Engelland zu sprechen? Sie überliefert hier gewiß eine volksmäßige Wendung. Im Volksglauben, in Sagen und Märchen des Festlandes ist England eine Art Jenseitsreich. Das Wasser, das uns von ihm trennt, gleicht den Strömen und Seen, die uns nach der Phantasie des Volks und der Dichter vom Land der Geister oder der Toten trennen. England ist ja auch die Heimat der Elfen. So rückt diese Wendung: „Wer ist die schönste Frau in ganz Engelland?" das ganze Märchengeschehen in einen mythischen Bereich. Doch das sind Einzelheiten. Was uns an dem Märcheneingang der Urfassung vor allem frappiert, sind die inhaltlichen Abweichungen von der uns vertrauten Version. Der Vorgang der Verstoßung wird vereinfacht und zugleich leicht entschärft. Vor allem aber: Die neidische Königin ist nicht die Stiefmutter, sondern die leibliche Mutter Schneewittchens. Die eigene Mutter verfolgt ihr Kind, nach dem sie sich doch gesehnt hat und dem sie Schönheit angewünscht hat, so weiß wie Schnee, so rot wie Blut, so schwarz wie Eben. Hier stoßen wir in die Mitte der Dinge, von hier aus schließt sich uns die ganze Erzählung auf. Denn das hessische Märchen steht nicht allein, in zahlreichen anderen Varianten des Schneewittchentyps ist es ebenfalls die leibliche Mutter, die ihre Tochter verstößt. Man hat sogar die Vermutung geäußert, dies sei die älteste, die ursprüngliche Form der Geschichte, nur aus Gründen der Dezenz sei später die Stiefmutter an die Stelle der Mutter getreten, da man der leiblichen Mutter keine derart üble Rolle zuteilen wollte. So einfach nun liegen die Dinge nicht. Die Stiefmutterfassungen sind häufiger, und schon der älteste Beleg des Schneewittchenmärchens, nämlich die Anklänge an diese Erzählung in Shakespeares Märchenspiel „Zymbelin", gehört zu ihnen, und ebenso die weitausgesponnene Umdichtung, die Johann Karl August Musäus in den 1780er Jahren in seinen „Volksmärchen der Deutschen" veröffentlicht hat. Häufigkeit und Alter sprechen also eigentlich dafür, daß die Stiefmutterfassung am Anfang stehe. Die Frage ist aber nicht zu entscheiden, denn schon die ältesten Belege können abgeleitete Formen sein, und die häufigste Form, die Normalform, braucht mit der ursprünglichen, mit der Urform nicht identisch zu sein, sie kann ebensogut im Laufe der Zeit sich herauskristallisiert haben. Wie dem auch sei: Jene Fassungen, in denen die eigene Mutter ihr Kind verstößt, zeigen uns jedenfalls viel vom Wesen dieses ganzen Erzählungstyps. Die gleiche Frau, die sich ein schönes Kind gewünscht hat, wird später neidisch auf dieses Kind und sucht es loszuwerden. Jede Mutter ist in Gefahr, zur Stiefmutter zu werden — insofern spiegelt das Märchen durchaus die wirkliche Welt. Der Münchener Psychiater Ottokar Graf Wittgenstein erzählt in seinem 1965 erschienenen Buche „Märchen, Träume, Schicksale":

Als ich noch ein Kind war, hat mir meine Mutter ein mir liebes Spielzeug fortgenommen. In diesem Augenblick — und nur für diesen Augenblick — war sie für mich eine Stiefmutter. Ich habe sie nicht so genannt. Ich wußte noch nicht, daß es Stiefmütter in einem juristischen Sinne gibt. Ich fühlte es nur, ohne es richtig nennen zu können. Ich habe sie damals gefragt: „Bist du eigentlich meine richtige Mutter?" Das verstand sie natürlich nicht, denn sie war ja erwachsen. Weder sie noch ich wußten, daß „stief" von „bistiufen" kommt, was berauben heißt.

Wittgenstein zeigt hier, daß auch im guten Sinne jede wirkliche Mutter zur „Stiefmutter" (in Anführungszeichen) werden muß: Sie muß ihrem Kinde Wünsche abschlagen, sie muß nein sagen, sie muß verweigern können. Und da mag denn im Kind flüchtig der Gedanke auftauchen: „Bist du eigentlich meine richtige Mutter?" Wir wissen, daß im vorschulpflichtigen Alter manche Kinder sich einreden, sie seien gar nicht die richtigen Kinder ihrer Eltern, sie seien vielmehr Stiefkinder oder Findelkinder, die Eltern würden ihnen das nur nicht eingestehen. Hier stoßen wir auf einen der Gründe, warum es so viele Stiefmuttermärchen gibt: Es entspricht einem Grundgefühl nicht nur des Kindes, sondern des Menschen überhaupt, an seiner Identität zu zweifeln. Wer bin ich? Bin ich ein echtbürtiger Sohn, bin ich ein echter Mensch, oder nur ein Bastard, ein Ausgestoßener, ein Krüppel? Schon die Vertreibung Adams und Evas aus dem Paradiese erzählt davon, daß Gottvater die Menschen nicht mehr als seine echten Kinder ansieht, oder umgekehrt, daß sich der Mensch nicht mehr als wahrer Sohn fühlt. Die Volksmärchen werden nicht müde, die Frage nach der Identität ihrer Hauptfiguren zu stellen: Sind sie Tier oder Königssohn, Aschenputtel oder strahlende Königsbraut, Grindkopf oder Goldener, Dummling oder Auserwählter? Zuletzt freilich erweist es sich immer, daß der Verachtete oder Verkannte eben doch ein königlicher oder begnadeter Mensch ist. Denn das Märchen lebt auf dem Grunde des Vertrauens. Aber es enthält auch die tragischen Möglichkeiten in sich. Daß eine Mutter zur Stiefmutter werden kann, daß eine Liebende zur Hassenden wird, daß die gleiche Frau, die dem Kinde das Leben gegeben hat, es in den Tod zu stoßen sucht, ist eine Tragödie. Ein Mensch wird sich selber fremd. Wer nicht Schneewittchen, sondern ihre Verfolgerin im Mittelpunkt der Geschichte sieht, dem ist dieses Märchen die Darstellung einer Selbstverkehrung des Menschen, einer P e r - v e r s i o n. Das wird in der von Jeanette Hassenpflug erzählten Fassung besonders deutlich. Perversion. Sobald das Stichwort ausgesprochen ist, erkennen wir, wie genau es unseren Erzählungstyp kennzeichnet. Alles scheint sich zu verkehren. Die Mutter wird zur Stiefmutter, der Spiegel, der eigentlich die eigene Schönheit zeigen müßte, zeigt die Schönheit des anderen Menschen, der Apfel, seit alters ein Zeichen des Lebens und der Zeugung des Lebens — man spricht von Lebensäpfeln, von Liebesäpfeln — wird zum Todesapfel, und auch der Schmuck: Gürtel, Ring oder Kamm, dazu geschaffen, das Leben zu erhöhen oder zu ordnen, bringen hier den Tod oder wenigstens den Scheintod. Schuhe sind dazu bestimmt, den Fuß zu schützen; hier schädigen sie ihn, und das, wie es der Eigenart des Märchenstils entspricht, in so hohem Grade, daß sie den Tod der Trägerin verursachen. Alles verkehrt sich in sein Gegenteil. Die Mutter wird zur Stiefmutter, der Apfel zum Stiefapfel, der Schmuck zum Stiefschmuck. Wir sehen, wie sehr ein Grundthema die ganze Geschichte durchdringt, wie die das Ganze bestimmende Stilfigur, die Verkehrung, auch im einzelnen da ist — Stilkonsequenz aber, Zusammenklang der Teile zum Ganzen gilt als ein Kennzeichen hoher Kunst. Das Volksmärchen ist in diesem Sinne durchaus ein Kunstwerk. Auch wo es Mutter und Stiefmutter nicht in einer Person vereinigt, sondern, gemäß seiner Neigung, alles rein auseinanderzufalten, auf zwei Figuren verteilt, spüren wir die geheime Identität: Die gute Mutter stirbt, eine böse Mutter tritt an ihre Stelle. Es kommen noch andere Verkehrungen vor in diesen Erzählungen. In vielen Varianten gelangt das verstoßene Mädchen nicht zu Zwergen, sondern zu Räubern und Mördern; und auch die Zwerge sind nicht selten menschenfresserische Zwerge. Das heißt: Kaum ist Schneewittchen einer Todesgefahr entronnen, fällt es in eine zweite Todesgefahr; in einer den Brüdern Grimm bekannten Fassung weiß die böse Königin, daß im Walde sieben Zwerge hausen, die jedes Mädchen töten, das sich ihnen naht. Nun führt sie Schneewittchen vor die Höhle dieser Zwerge und sagt zu ihm: „Geh da hinein und warte, bis ich wiederkomme." Aber siehe, die Räuber, die Mörder, die Menschenfresser werden dem preisgegebenen Kinde zu Schützern und Helfern. Es gibt Varianten, in denen die Verkehrung in beinahe grotesker Weise zur Bekehrung überspitzt wird, so in einer polnischen, wo die Räuber sich am Ende entschließen, ins Kloster zu gehen.

Als die Räuber nach Hause kamen, lag die Prinzessin tot am Boden. Jetzt suchten sie wieder ganz genau nach der Ursache, aber sie konnten nichts finden. Zwar konnten sie es nicht glauben, daß sie wirklich tot sei, denn sie sah so frisch und gesund aus, als ob sie lebte, aber sie rührte sich nicht mehr. Nun dachten sie, daß sie eine Heilige wäre. Sie bestellten einen Sarg aus Glas, legten sie behutsam hinein und hoben sie auf eine hohe Kiefer hinauf und befestigten dort den Sarg. Auf die Räuber machte dieses Erlebnis einen solchen Eindruck, daß sie sich bekehrten und als Mönche in ein Kloster eintraten.

Hier gehen wir nicht mehr mit, wir fragen uns, ob die Erzählung freiweillig oder unfreiwillig komisch werde. Aber der in vielen Varianten wiederkehrende Zug, daß gerade Räuber oder Menschenfresser zu Schützern werden, ist eine Verkehrung des Bösen zum Guten, die der Verkehrung des Guten zum Bösen, wie wir sie beobachtet haben, die Waage hält. Auch diese Verkehrung des Bösen zum Guten kommt in mehreren Formen vor; in wesentlichen wie in unwesentlichen. Als Grundfigur, die dem ganzen den Rahmen gibt, steht vor uns das Bestreben der Mutter oder Stiefmutter, die Tochter dem Tode auszuliefern. Aber sie erreicht das Gegenteil dessen was sie erstrebt, sie führt es dem Leben zu und der Herrschaft: Schneewittchen wird Braut, Gattin, Königin. Sich selber wollte die böse Königin erhöhen; auch hier erreicht sie das Gegenteil, sie vernichtet sich selber. Daß sie in der uns vertrauten Grimmschen Fassung sich selber zu Tode tanzen muß, wirkt wie ein Bild dafür, daß sie ihren Untergang selber herbeiführt. Die Dinge verkehren sich in ihr Gegenteil, Gutes wird zu Bösem und Böses führt zu Gutem, der Tod führt zur Auferstehung, und nur weil Schneewittchen verstoßen und vergiftet wird, kommt es dazu, daß der Prinz, der ihm bestimmt ist, es findet und heimführt. Auch die endgültige Entzauberung der wie tot Daliegenden ereignet sich in vielen Fällen noch in der Weise, daß Übles sich zum Guten verkehrt. In der Grimmschen Erzählung stolpern die Diener, die den gläsernen Sarg tragen, und eben das führt zur Erweckung Schneewittchens. Wenn es hier nur ein Ungeschick ist, das zum Guten führt, so gibt es daneben Fassungen, wo ein böser Wille gegen seine Absicht Gutes heraufführt, das Grundthema kehrt im kleinen wieder. So in der Variante, die uns die Brüder Grimm in der ersten Auflage ihres Buchs, 1812, darbieten:

Einmal kam ein junger Prinz zu dem Zwergenhaus und wollte darin übernachten, und wie er in die Stube kam und Sneewittchen in dem Glassarg liegen sah, auf das die sieben Lichtlein so recht ihren Schein warfen, konnt er sich nicht satt an seiner Schönheit sehen, und las die goldene Inschrift und sah, daß es eine Königstochter war. Da bat er die Zwerglein, sie sollten ihm den Sarg mit dem toten Sneewittchen verkaufen, die wollten aber um alles Gold nicht; da bat er sie, sie mögten es ihm schenken, er könne nicht leben ohne es zu sehen, und er wolle es so hoch halten und ehren, wie sein Liebstes auf der Welt. Da waren die Zwerglein mitleidig und gaben ihm den Sarg, der Prinz aber ließ ihn in sein Schloß tragen, und ließ ihn in seine Stube setzen, er selber saß den ganzen Tag dabei, und konnte die Augen nicht abwenden; und wenn er aus mußte gehen und konnte Sneewittchen nicht sehen, ward er traurig, und er konnte auch keinen Bissen essen, wenn der Sarg nicht neben ihm stand. Die Diener aber, die beständig den Sarg herumtragen mußten, waren bös darüber, und einer machte einmal den Sarg auf, hob Sneewittchen in die Höh und sagte: „um so eines todten Mädchens willen werden wir den ganzen Tag geplagt", und gab ihm mit der Hand einen Stupf in den Rücken. Da fuhr ihm der garstige Apfelgrütz, den es abgebissen hatte, aus dem Hals- und da war Sneewittchen wieder lebendig. Da ging es hin zu dem Prinzen, der wußte gar nicht, was er vor Freuden thun sollte, als sein liebes Sneewittchen lebendig war, und sie setzten sich zusammen an die Tafel und aßen in Freuden.

Wie hübsch, wie naiv und wirklichkeitsnah wird hier die wiedererwachende Lebensfreude dargetan: „Sie setzten sich zusammen an die Tafel und aßen in Freuden." In den Volksmärchen ganz Europas steht das Wirkliche neben dem Überwirklichen, der Alltag dicht neben dem Wunderbaren. Besonders vom Essen und Trinken ist immer wieder die Rede, und mit Lust. Aber nicht um dieses lebensfrohen Realismus willen haben wir die Stelle herangezogen, sondern um zu erfahren, wie hier der geplagte Diener das lästige Mädchen zornig schlägt und ihm damit, ohne es zu wollen, Gutes antut. Ähnlich will in einem albanischen Märchen eine Magd dem scheintoten Schneewittchen einen Ring vom Finger nehmen, und gerade dadurch erweckt sie es. Aus Bösem kann Gutes werden, übler Wille oder Ungeschick kann zur Rettung führen, das ist der Kontrapunkt zu jener anderen Verkehrung, die in all diesen Erzählungen immer wieder vorgeführt wird, der Perversion des Guten ins Üble.

So schärft der Blick auf die vielen Varianten der Geschichte uns den Sinn für ihren Gehalt und ihre Bedeutung. Die zahlreichen Möglichkeiten, die im Rahmen dieses Erzählungstyps keimhaft da sind und darauf zu warten scheinen, in verschiedenartiger Weise Gestalt anzunehmen, sind schon von den volksmäßigen Erzählern vielfältig genützt worden. Düstere und scherzhafte Tönungen stehen einander gegenüber. Wir treffen aber auch dichterische Umformungen des Schneewittchenstoffes. Musäus macht die Stiefmutter, der er den Namen Richilde gibt, zur Hauptfigur; er folgt damit einem Zug, der auch im Volksmärchen schon zu bemerken ist: Kaum eine andere Erzählung läßt die Stiefmutter so stark in den Vordergrund treten wie gerade „Schneewittchen". Wenn Musäus hingegen eine Vorgeschichte konstruiert, ausführlich von der Herkunft, ja der Herstellung des Zauberspiegels (durch keinen Geringeren als den gelehrten Bischof Albertus Magnus!) spricht und das Ganze verhöfischt, die geheimnisvollen Waldzwerge zu geheimnislosen Hofzwergen macht, so verläßt er damit die Art des Volksmärchens und verliert sich in Firlefanz, dessen Witz und Humor wir nur bedingt genießen.

In vollem Gegensatz zum Volksmärchen verweilt Musäus bei den Qualen Richildes während des Tanzes in den glühenden Schuhen. Erst müssen wir uns, so wie früher beim Zauberspiegel, nun auch bei den Pantoffeln einen Bericht über deren Herstellung gefallen lassen. „Die künstlichen Zwerge hatten indessen mit großer Behendigkeit ein Paar Pantoffeln von

blankem Stahl geschmiedet, standen am Kamin, schürten Feuer an und glühten die Tanzschuhe purpurrot." Nun werden die glühenden Pantoffeln der bösen Gräfin — die sich ihr Urteil nach Märchenweise ahnungslos selber gesprochen hat — angeschuht, und sie muß einen so raschen Schleifer den Saal hinunter tun, „daß der Erdboden rauchte und ihre zarten wohlgebratenen Füße kein Hühnerauge mehr quälte; dazu waldhornierten die Musikanten so herzhaft, daß alles Gewinsel und Wehklagen in die rauschende Musik verschlungen ward". Sambul der Arzt aber — es ist derselbe, der früher schon den Apfel und die Seife nur mit Betäubungsmitteln statt mit Gift bearbeitet hatte — „kochte ... flugs eine köstliche Salbe, welche die Schmerzen linderte und die Brandblasen heilte". Das war die Form, in welcher dem deutschsprachigen Lesepublikum des 18. Jahrhunderts das Volksmärchen präsentiert wurde ...
Reizvoller ist die barocke Drastik Giambattista Basiles. Eine Kostprobe soll die übermütigen Einfälle dieses neapolitanischen Dichters aus dem 17. Jahrhundert vergegenwärtigen. Bei Basile kommen nach der Geburt der Schneewittchengestalt, sie heißt hier Lisa, gütige Feen herbei:

Jede von diesen nun verlieh dem Mägdlein einen Zaubersegen, die letzte von ihnen jedoch, welche rasch herbeieilen wollte, um das Kind zu sehen, verrenkte sich unglücklicherweise den Fuß und stieß aus Schmerz hierüber die Verwünschung aus, daß, wenn Lisa einst in dem Alter von sieben Jahren von der Mutter gekämmt würde, diese ihr aus Vergeßlichkeit den Kamm im Haar stecken lassen und Lisa dadurch sterben sollte.
Sobald daher die bestimmte Zeit da war und sich alles, wie es bestimmt war, zugetragen hatte, so schloß die Mutter, welche über dieses Unglück in die tiefste Verzweiflung geriet und in die bittersten Klagen ausbrach, endlich den Leichnam ihres Töchterleins in sieben Kristallkisten, setzte diese dann in das entfernteste Gemach des Schlosses und trug den Schlüssel zu demselben stets bei sich in der Tasche. Da ihr jedoch durch den Schmerz, den dieser Unfall ihr verursachte, das Leben bis auf die Hefe verronnen war, so ließ sie den Bruder zu sich kommen und sprach zu ihm: „Ich fühle, lieber Bruder, wie der Tod mich nach und nach mit seinem Haken zu sich zieht, und

hinterlasse dir daher den ganzen Trödelkram, den ich besitze, so daß du nun fortan sein Herr und Besitzer sein wirst. Nur bitte ich dich, mir zu versprechen, daß du das Zimmer, dessen Schlüssel ich dir hier übergebe, nie öffnen, den Schlüssel selbst aber sorgfältig in deinem Schreibtisch aufheben mögest." Der Bruder, der sie herzlichst liebte, gab ihr das heilige Versprechen, ihren Wunsch zu erfüllen, worauf sie sprach: "Lebe wohl, ich segle ab."

Als sich jedoch ihr Bruder nach Verlauf eines Jahres verheiratet hatte und einst, zur Jagd eingeladen, seiner Frau beim Weggehen die Sorge fürs Haus empfahl, wobei er ihr insbesondere einschärfte, ja nicht das Gemach zu öffnen, zu dem der Schlüssel in seinem Schreibtisch läge, so hatte er kaum den Rücken gekehrt, als auch schon seine Frau, von Verdacht getrieben, von Eifersucht gestachelt und von Neugierde, der natürlichen Mitgift der Weiber, gereizt, den Schlüssel nahm, das Zimmer aufschloß und die Kisten öffnete, durch welche sie das Mägdlein durchscheinen sah. Diese aber schien zu schlafen und war in der Zwischenzeit mitsamt den Kisten gewachsen, so daß die eifersüchtige Frau beim Anblick dieser schönen Jungfrau alsbald ausrief: "Bravo, meiner Treu! Von außen rein, von innen ein Schwein. — Das also war die Sorge, daß das Zimmer nicht geöffnet werde, damit man nicht den Götzen sehe, den er anbetet und in den Kisten so sorgfältig verwahrt." So sprechend, packte sie das Mägdlein bei den Haaren und riß sie empor, dergestalt, daß der Kamm darüber zur Erde fiel, und Lisa wieder zu sich kam, während sie ausrief: "Mutter, Mutter!" — "Warte nur", versetzte die Baronin, "ich werde dich schon bemuttern und bevatern!" und indem sie wütend wurde wie eine Mohrin, bissig wie eine Hündin, die geworfen hat, und giftig wie eine Schlange, schnitt sie ihr die Haare ab, prügelte sie auf ganz jämmerliche Weise, zog ihr zerlumpte Kleider an, überhäufte sie alle Tage mit Beulen auf dem Kopfe, mit blauen Flecken um die Augen und mit Striemen im Gesicht und schlug ihr den Mund so blutig, daß sie aussah, als hätte sie Kirschsuppe gegessen. Sobald aber der Mann nach Hause kam und sie das Mädchen so mißhandeln sah, fragte er sie, wer dies denn wäre, worauf seine Frau antwortete, es wäre eine Negersklavin, die ihre Base ihr geschickt hätte und deren Starrsinn sie durch Prügelfutter brechen müsse.

Ist es nicht bemerkenswert, wie auch in dieser frei ausphantasierten Fassung die uns wohlbekannten Themen: Aus Gutem entwickelt sich Übles, aus Bösem aber entsteht Gutes, sich Geltung verschaffen, wenn auch in bizarrer Form? Die Fee will segnen, aber ein Fluch entwischt ihr, weil sie sich den Fuß verstaucht. Die Mutter kämmt liebevoll das Haar ihrer Tochter und führt dadurch deren Tod herbei: Gutes verkehrt sich in Böses. Die zornige Tante dagegen reißt das tote Mädchen roh an den Haaren und erweckt es damit wieder zum Leben: Böses verkehrt sich in Gutes. Es ist, als ob diese Themen im Schneewittchenstoff beschlossen lägen und sich, oft auf überraschende Weise, immer wieder durchsetzten. Das ist denn auch der Ertrag unseres Überblicks über verschiedene Varianten der Schneewittchenerzählung: Wir sind auf einige der wichtigsten ihrer Elemente aufmerksam geworden. Das Schneewittchenmärchen erzählt nicht nur von einer Frau, die es nicht erträgt, alt zu werden, und von einem jungen Menschen, der darunter zu leiden hat. Es enthüllt uns nicht nur Neid und Eifersucht als eine der mächtigsten Wurzeln des Bösen, sondern offenbart uns darüber hinaus eine ganze Reihe von Wesenszügen des menschlichen Daseins: die Schrecken und die Herrlichkeiten der Verkehrung der Dinge in ihr Gegenteil, das Wunder der Auferstehung des Totgeglaubten, das Leiden an sich selber. Nicht nur die Königin richtet sich selber zugrunde, auch Schneewittchen fällt durch eigene Fehlhandlungen, sie übertritt das Gebot der guten Zwerge und folgt ihren Gelüsten. Zugleich aber sehen wir nicht nur die Rettung, sondern ein stufenweises Reifen des preisgegebenen Menschen, der von den Zwergen, die deutlich als Naturwesen gezeichnet sind, und nachher vom Prinzen, der die Lichtwelt des Geistes zu repräsentieren scheint, gehegt und erweckt wird, aber zwischendurch auch von gewöhnlichen Menschen Hilfe empfängt, sei es von wohlgesinnten wie dem mitleidigen Jäger oder von übelwollenden oder ungeschickten Dienern und Mägden. Und damit haben wir die Frage beantwortet, die wir zu Beginn stellten: woher die besondere Leuchtkraft der Schneewittchenfigur stamme.

Gerade ihre Einfachheit inmitten eines hochgeladenen Spannungsfeldes ist geeignet, sie zu einem Bilde der menschlichen Seele zu machen, die in die Welt hineinwächst, ihre Härte, aber auch ihre Hilfe und ihre Gnade erfahren darf und so stufenweise zum Königtum heranwächst. Der Weg nach oben geht nur durch die Tiefe, der Weg zum Licht führt durch das Dunkel des Leidens und des Sterbens. Wenn alte Jünglingsweihen den Einzuweihenden durch einen symbolischen Tod hindurch zu einer symbolischen Auferstehung führten, so nimmt der Hörer des Märchens, wie der Religionshistoriker Mircea Eliade es ausdrückt, auf der Ebene der Phantasie an einem solchen Einweihungsvorgang teil. Märchen sind kein bloßes Spielwerk, sie führen den Hörer ein in das Wesen des menschlichen Daseins.

Nachweis der Zitate:

„Sneewittchen" KHM 53, ATh 709. Urfassung (nach der sogenannten „Ölenberger Handschrift") und Wortlaut der ersten Auflage (1812) bei Heinz Rölleke, Die älteste Märchensammlung der Brüder Grimm, Synopse der handschriftlichen Urfassung von 1810 und der Erstdrucke von 1812, Cologny-Genève 1975 (Text der Erstausgabe auch bei Friedrich Panzer, Die Kinder- und Hausmärchen der Brüder Grimm in ihrer Urgestalt, München 1913, Hamburg-Bergedorf 1948 u. ö.). — Graf Wittgenstein, Märchen, Träume, Schicksale, Düsseldorf/Köln 1965. Neudruck München 1974 (als Taschenbuch). — Das polnische Märchen trägt den Titel „Die Prinzessin mit der Nadel im Kopfe" und findet sich in dem von E. Bukowska und E. Koschmieder herausgegebenen Band Polnische Volksmärchen, Düsseldorf/Köln 1967. (MdW). — Der erste Band von Johann Karl August Musäus' Volksmärchen der Deutschen, in dem „Richilde" enthalten ist, erschien 1782, also 30 Jahre vor den KHM der Brüder Grimm; Neuausgabe München 1961. — Giambattista Basiles Pentamerone erschien als Lo cunto de li cunti 1634/36 posthum in Neapel; die dem „Schneewittchen" entsprechende Erzählung, die achte des zweiten Tages, heißt „La schiavotella" (Die Küchenmagd); unser Ausschnitt ist der Übersetzung von Felix Liebrecht entnommen. — Zu Mircea Eliade s. oben S. 54.

Literatur:

Ernst Böklen, Sneewittchenstudien, 2 Bde, Leipzig 1910/1915, Neudruck 1974 (zeigt die Verschiedenheit der Motive in zahlreichen Varianten).

DER TEUFEL MIT DEN DREI GOLDENEN HAAREN

Ist es nicht seltsam, daß die in unseren Breiten beliebtesten Märchen fast alle weibliche Hauptfiguren haben? Dornröschen, Schneewittchen, Aschenputtel, Rotkäppchen, Frau Holle. Auch bei den sieben Raben, bei Hänsel und Gretel, Brüderchen und Schwesterchen, beim Froschkönig, beim Wolf und den sieben Geißlein dominiert das weibliche Element. Dabei steht im internationalen Märchenschatz durchaus der männliche Märchenheld im Vordergrund. Das in der mündlichen Überlieferung des deutschen Sprachbereichs wie auch überhaupt am weitesten verbreitete Märchen ist das vom Drachentöter. Wie kommt es denn, daß im Grimmschen Buchmärchen und in der Erinnerung all derer, die in ihrer Kindheit Grimmsche Märchen gehört oder gelesen haben, gerade die Märchen mit weiblicher Heldin im Vordergrund stehen? Es mag verschiedene Gründe haben. Zunächst ist zu sagen, daß die wichtigsten Gewährsleute der Brüder Grimm Frauen waren. Frauen aber erzählen mit Vorliebe Märchen, in denen ein Mädchen im Mittelpunkt steht; denn die Erzähler identifizieren sich gerne mit ihren Hauptfiguren und wählen sie entsprechend aus. Aber auch die Kinder, die die Märchen hören, leben in einer weiblichen Welt. Sie stehen unter der Obhut der Mutter, der Kindergärtnerin oder Lehrerin, und auch Tante und Großmutter sind nah. Schon das läßt uns verstehen, warum die Erzählungen mit weiblicher Heldin so beliebt geworden sind. Vom Buche der Brüder Grimm aus erobern sie sich Boden auch bei anderssprachigen Völkern. Agnes Kovács, die vor kurzem im Rahmen der „Märchen der Weltliteratur" einen Band ungarischer Volksmärchen herausgegeben hat, sagt uns, daß die Grimmschen Märchen in Ungarn zur allgemeinen Volkslektüre gehören. „Hauptsächlich sind es", fährt Kovács fort, „unsere weiblichen Märchenerzähler, die immer wieder daraus schöpfen. Den deutschen Märchen ist der Einzug der verfolgten, leidgeprüften weiblichen Heldin in die ungarische Märchenwelt zu verdanken. Die Märchen von der weißen und schwarzen Braut, vom Brüderchen und Schwesterchen, vom Aschenputtel und vom Mädchen ohne Hände sind sicherlich durch die Grimmsche Sammlung bei uns volkstümlich geworden." Soweit Agnes Kovács. Vielleicht ist es auch so, daß unsere stark von männlichem Geist geprägte Welt — wir leben im Zeitalter der Technik — in der Sphäre der Dichtung einen Ausgleich findet oder zu schaffen sucht. Die weibliche Heldin wird wie von selber zu einem Bild der Seele, ihr stilles und ausdauerndes Dulden ist Gegenbild zu dem Aktivismus, zu der Geschäftigkeit und Betriebsamkeit, die unser äußeres Leben beherrschen. So kommt es nicht von ungefähr, daß wir zunächst zwei Erzählungen betrachtet haben, in deren Mitte eine weibliche Gestalt stand, „Die Sieben Raben" und „Schneewittchen". Jetzt aber greifen wir nach einem Märchen mit männlichem Helden. Es trägt bei Grimm den Titel „Der Teufel mit den drei goldenen Haaren" und ist die Geschichte von einem Knaben, dem bei seiner Geburt geweissagt wird, er werde im 14. Jahre die Tochter des Königs zur Frau bekommen. Als der König, er hat ein böses Herz, davon hört, will er dieses Schicksal vereiteln, er kauft das Kind, legt es in eine Schachtel und wirft diese in einen tiefen Fluß. Aber zwei Meilen weiter unten bleibt die Schachtel am Wehr einer Mühle hängen, und die Müllersleute, die keine Kinder haben, ziehen den Findling auf. Und nun folgt die berühmte Episode mit dem Motiv des Uriasbriefs.

Es trug sich zu, daß der König einmal bei einem Gewitter in die Mühle trat und die Müllersleute fragte, ob der große Junge ihr Sohn wäre. „Nein", antworteten sie, „es ist ein Findling, er ist vor vierzehn Jahren in einer Schachtel ans Wehr geschwommen, und der Mahlbursche hat ihn aus dem Wasser gezogen." Da merkte der König, daß es niemand anders als das Glückskind war, das er ins Wasser geworfen hatte, und sprach: „Ihr guten Leute, könnte der Junge nicht einen Brief an die Frau Königin bringen, ich will ihm zwei Goldstücke zum Lohn geben?" „Wie der Herr König gebietet", antworteten die Leute und hießen den Jungen sich bereithalten. Da schrieb der König einen Brief an

die Königin, worin stand: „Sobald der Knabe mit diesem Schreiben angelangt ist, soll er getötet und begraben werden, und das alles soll geschehen sein, ehe ich zurückkomme."
Der Knabe machte sich mit diesem Briefe auf den Weg, verirrte sich aber und kam abends in einen großen Wald. In der Dunkelheit sah er ein kleines Licht, ging darauf zu und gelangte zu einem Häuschen. Als er hineintrat, saß eine alte Frau beim Feuer ganz allein. Sie erschrak, als sie den Knaben erblickte, und sprach: „Wo kommst du her, und wo willst du hin?" „Ich komme von der Mühle", antwortete er, „und will zur Frau Königin, der ich einen Brief bringen soll: weil ich mich aber in dem Walde verirrt habe, so wollte ich hier gerne übernachten." „Du armer Junge", sprach die Frau, „du bist in ein Räuberhaus geraten, und wenn sie heimkommen, so bringen sie dich um." „Mag kommen, wer will", sagte der Junge, „ich fürchte mich nicht; ich bin aber so müde, daß ich nicht weiter kann", streckte sich auf eine Bank und schlief ein. Bald hernach kamen die Räuber und fragten zornig, was da für ein fremder Knabe läge. „Ach", sagte die Alte, „es ist ein unschuldiges Kind, es hat sich im Walde verirrt, und ich habe ihn aus Barmherzigkeit aufgenommen: er soll einen Brief an die Frau Königin bringen." Die Räuber erbrachen den Brief und lasen ihn, und es stand darin, daß der Knabe sogleich, wie er ankäme, sollt ums Leben gebracht werden. Da empfanden die hartherzigen Räuber Mitleid, und der Anführer zerriß den Brief und schrieb einen andern, und es stand darin, sowie der Knabe ankäme, sollte er sogleich mit der Königstochter vermählt werden. Sie ließen ihn dann ruhig bis zum andern Morgen auf der Bank liegen, und als er aufgewacht war, gaben sie ihm den Brief und zeigten ihm den rechten Weg. Die Königin aber, als sie den Brief empfangen und gelesen hatte, tat, wie darin stand, hieß ein prächtiges Hochzeitsfest anstellen, und die Königstochter ward mit dem Glückskind vermählt, und da der Jüngling schön und freundlich war, so lebte sie vergnügt und zufrieden mit ihm.

Unser Blick, durch die Betrachtung des Schneewittchenmärchens geschärft, erkennt sofort, daß trotz völlig anderer Einkleidung die dort beobachteten Grundthemen auch dieser Erzählung das Gepräge geben: Der Held gerät in Todesgefahr, aber gerade das führt ihn zu einem volleren, höheren Dasein. Es ist, als ob das Volksmärchen in einer spielerischen Form die Weisheit alter Mythen und Riten immer neu abwandelte: Nur wer in Todesgefahr kommt, nur wer mit der Wirklichkeit des Todes vertraut wird, gelangt dazu, in vollem Sinne Mensch zu sein.

> Nur wer die Leier schon hob
> auch unter Schatten,
> darf das unendliche Lob
> ahnend erstatten.
>
> Nur wer mit Toten vom Mohn
> aß, von dem ihren,
> wird nicht den leisesten Ton
> wieder verlieren.
>
> Mag auch die Spieglung im Teich
> oft uns verschwimmen:
> Wisse das Bild.
>
> Erst in dem Doppelbereich
> werden die Stimmen
> ewig und mild.

Was Rilke in den „Sonetten an Orpheus" theoretisch ausspricht, bringt das Märchen seinen Hörern in immer wieder anderen Bildern nah. Schneewittchen ist nicht nur den Anschlägen seiner Stiefmutter oder Mutter ausgesetzt, auch der Eintritt in die Behausung der Zwerge oder Räuber bedeutet zunächst Bedrohung mit dem Tod. Ähnlich vielfältig wird der Junge im Märchen von den drei goldenen Haaren des Teufels dem Tode anheimgegeben. So schon in diesem ersten Teil der Erzählung: Als kleines Kind wird er in einem Kistchen ins Wasser gestoßen, damit er umkomme, ohne daß der König sich seine Hände beflecken muß. Aber das Todeswasser schwemmt das Kästchen ans Land des Lebens, und die dunkle Schachtel wird dem Kinde nicht zum Sarg, sondern öffnet sich dem Licht: Als man sie aufmacht, ist der schöne Knabe darin „ganz frisch und munter", liest man bei Grimm. Noch deutlicher in einer zu Beginn unseres Jahrhunderts in Holstein aufgezeichneten Variante: „Als sie die (Kiste) aufmachen, liegt da ein Junge drin und lacht." In einer anderen Fassung aus der gleichen Gegend heißt es gar: In der

Kiste drin „liegt ein kleiner lebendiger Junge, lacht über das ganze Gesicht und ampelt und strampelt mit Händen und Füßen." Da strahlt uns in einer kindlich derben Weise die Auferstehung aus dem Dunkel zum Licht, aus dem Tode zum Leben entgegen und lacht uns an. Gedämpfter, aber durchaus entsprechend, in einer verchristlichten russischen Version, wo der hartherzige Marko, der unermeßlich viel Geld und „allerhand Fabriken" besitzt, den unerbetenen Erben — Gott selber hat ihm den armen Knaben als Erben bezeichnet — im Walde aussetzen läßt.

Es war aber zur Winterszeit, und Marko legte das Kind in seinen Wagen und fuhr davon. Er kam in den Wald und sagte: „Kutscher, trag den Knaben in den Wald und wirf ihn in den Schnee. So wird ihm Markos, des Reichen, Hab und Gut wohl zuteil!" — Aber es begann sogleich ein warmer Wind zu wehen, ringsum taute der Schnee um den Knaben, und er lag da und machte sich nichts daraus, denn ihm war warm. Marko jedoch fuhr heim.
Desselben Weges reisten zwei befreundete Kaufleute; sie brachten Marko, dem Reichen, entliehenes Geld zurück und wollten neue Ware einkaufen. Da hörten sie im Walde einen Säugling weinen. Sie hielten an und horchten. Dann liefen sie hin und meinten: „Sicherlich hat ein Mädchen ihr Kind ausgesetzt!" Sie kommen hin und sehen: ringsum ist Gras gewachsen und Blumen blühen, und dabei liegt der Schnee knietief. Sie verwunderten sich darob und sprachen: „Das ist ein heiliges Kind", und nahmen es zu sich in den Wagen.

Hier lacht der Knabe nicht, aber es heißt: „Ringsum taute der Schnee um den Knaben, und er machte sich nichts daraus, denn ihm war warm." Und in einem zweiten Ansatz stellt sich das Bild der Auferstehung, der Auferstehung warmen Lebens aus der Todeskälte, unmittelbar ein: Aus knietiefem Schnee wächst Gras, und Blumen blühen auf. In der Grimmschen Fassung folgen nun die zweite und dritte Bedrohung mit dem Tod. Der König schreibt einen sogenannten Uriasbrief. „Stellet Uria an den Streit, da er am härtesten ist, und wendet euch hinter ihm ab, daß er erschlagen werde", schrieb einst König David in seinem Brief an den Kriegshauptmann, und Uria, den der König loswerden wollte, ward wirklich erschlagen. Der König des Märchens schreibt: „Sobald der Knabe mit diesem Schreiben angelangt ist, soll er getötet und begraben werden." Aber der Knabe wird gerettet. Zunächst freilich führt ihn sein Weg in ein Räuberhaus, und Räuber heißt im Märchen, das alles auf die Spitze zu treiben liebt, immer auch gleich Mörder. Doch die Räuber und Mörder werden wie in der Schneewittchenerzählung zu Rettern. „Wenn die (Räuber) heimkommen, so bringen sie dich um", meint die alte Wirtschafterin. Aber die Räuber erbrechen zuerst den Brief, und als sie den Todesbefehl darin lesen, fälschen sie ihn in sein Gegenteil um, statt des Todes erwartet den Jungen nun „ein prächtiges Hochzeitsfest". Es ist, als ob ein inneres Gesetz die Dinge in ihr Gegenteil umschlagen ließe. Gerade weil die Räuber den Knaben durch einen andern unbarmherzig bedroht sehen, wird ihr Widerspruchsgeist geweckt, und sie schreiben das Todesurteil um, nach Art des Märchens in sein äußerstes Widerspiel. In zahlreichen Varianten wird berichtet, daß der Knabe derweil im Schlafe liegt: Während er in höchster Untätigkeit und Erschlaffung daliegt, vertrauensvoll dem Schlaf hingegeben, ereignet sich ohne sein Zutun das Heil; das Entscheidende geschieht, und es sind Bösewichter, die das Gute wirken. Ist hier das Märchen nicht vielschichtiger und symbolkräftiger als die Dichtung des großen Briten, der nach dem Vorbilde der dänischen Chronik Hamlet selber den Uriasbrief umschreiben läßt? In der Chronik des Saxo Grammatikus heißt es:

Mit Amleth zusammen reisen zwei Höflinge des dänischen Königs Fengo, „nach damaliger Sitte statt eines Briefes Runentafeln bei sich führend, in welchen dem König von Britannien aufgetragen war, den Jüngling, den man ihm schicke, zu töten. Während aber die Begleiter schliefen, untersuchte Amleth ihre Taschen und fand die Runentafeln; und als er den Auftrag gelesen, schabte er das Geschriebene aus, setzte dafür neue Zeichen und änderte so den Auftrag dahin, daß das ihm zugedachte Verderben gegen seine Begleiter kehrte. Und nicht zufrieden, sich dem Todesurteile entzogen und die Gefahr auf andere gewälzt zu haben, fügte er unter Fengos Namen die Bitte hinzu, daß der König von Britannien dem klugen Jüngling, den man ihm sende, seine Tochter zur Gemahlin geben wolle. In Britannien angekommen, verfügten sich die Gesandten zum König und überreichten ihm den Brief, den sie zu Amleths Untergang geschrieben glaubten, der aber in der Tat ihren eigenen Tod forderte.

Während bei Shakespeare Hamlet gar nicht nach England gelangt, finden wir also in der Dänenchronik des 12. Jahrhunderts das Märchenschema wieder: An die Stelle des Todes tritt das Fest des Lebens, statt der höchsten Strafe der schönste Lohn. Aber der Held der dänischen Sage ist seines Schicksals eigener Schmied, der Märchenheld dagegen ist — in all den vielen verschiedenen Fassungen — ein Begnadeter. Ohne sein Zutun geschieht ihm Heil. Nur weil er sich verirrt, findet er die richtigen Helfer. Wenn der schlafende Faust durch den Gesang der Naturgeister, der Elfen, zu neuem Leben gerufen wird, so sind es im Märchen Räuber und Mörder, die den schlafenden Jungen dem Licht des Lebens zurückgeben. So entrinnt er doppelter Todesgefahr: der Mordlust der Räuber und dem mörderischen Anschlag des Königs. Die beiden Episoden sind nicht einfach aneinander gereiht, sie verschränken sich. Der Mordanschlag des Königs rettet den Jüngling vor der Ermordung durch die Räuber, und umgekehrt. Nur weil der Held in die Gewalt mörderischer Räuber gerät, wird des Königs Mordplan vereitelt. Der königliche Mordbrief erweicht das Herz der Räuber. Böses führt zu Gutem. Und die gleiche Melodie ertönt alsbald noch einmal: Der Mordbefehl verwandelt sich in die Weisung zur Vermählung mit der Prinzessin: Böses führt zu Gutem. Was im Schneewittchenmärchen erklang, wir vernehmen es auch hier: Leiden, Todesnähe ist ein Durchgang zu höherem Leben; das Märchen glaubt daran, daß es die Bestimmung der Gefahr, des Dunkels, des Übels sei, den Menschen emporzuführen ins Licht.

Unser Märchen hat, wie so viele andere Volksmärchen, einen zweiten Teil. Als der König auf sein Schloß zurückkehrt und sieht, was geschehen ist, schickt er den unerwünschten Schwiegersohn in die Hölle mit dem Auftrag, ihm die drei goldenen Haare vom Haupte des Teufels zu bringen. Noch einmal also wird der Held ins Dunkel geschickt, in die Todesnacht, die Höllennacht — aber der Teufel hat goldene Haare, das Dunkel birgt eine leuchtende Kostbarkeit. Der böse König will, wie König David, einen andern in den Tod schicken, aber im Märchen wenden sich die Dinge wieder ins Gegenteil. Die Rolle des jungen Helden jedoch ist diesmal aktiver. Zuversichtlich geht er seinen weiten Weg; in mehr als einer Variante wird ihm unterwegs von wohlmeinenden Ratgebern abgeraten, weiter zu gehen, denn von dort, wo er hinwolle, sei noch keiner zurückgekommen. Aber er sucht nun das Abenteuer, und mit Hilfe der Großmutter des Teufels gelingt es ihm, dieses zu bestehen. Der Teufel, an dessen Stelle in vielen Varianten andere dämonische Wesen stehen, Riesen oder Riesenvögel, der Vogel Greif oder der Vogel Phönix, der Teufel also oder eines der andern Unwesen haben gut ihr weltberühmtes „Ich rieche, rieche Menschenfleisch" sagen, die Großmutter, oder, in anderen Versionen, die Gattin des Unholds redet es ihm aus, daß ein Mensch da sei, sie hält ihn gut versteckt — bei Grimm verwandelt sie ihn in eine Ameise — und reißt dem Teufel unter irgendeinem Vorwand die goldenen Haare aus oder raubt dem Vogel Gryf die begehrten Federn und fragt ihn zudem nach allem, was der Junge wissen will. Diese stets, auch in andern Märchentypen, wiederkehrende Konstellation, daß die Großmutter des Teufels, die Tochter des jenseitigen Auftraggebers oder die Gattin des Drachen, die sich in manchen Fällen als eine von diesem geraubte Prinzessin erweist, daß eine weibliche Figur also, die mit dem Jenseitswesen zusammenhaust, sich dem wagemutigen Jüngling gewogen zeigt und ihm hilft, diese in den verschiedensten Zusammenhängen sich immer wieder herstellende Konfiguration ist ein Ausdruck des Vertrauens, daß der Mensch dem Bösen nicht hilflos preisgegeben sei: Wie Achilles eine verwundbare Ferse, wie Siegfried eine verletzliche Stelle zwischen den Schulterblättern hat, so hat auch das Böse in sich eine Stelle, von der aus es aus den Angeln gehoben werden kann. Der Verrat der Frauengestalt an dem Unhold, sei er Teufel, Riese, Drache oder Greif, führt denn auch in manchen Fassungen zu dessen Tod. Bei Grimm wird der Teufel nur betrogen; denn aus der Welt schaffen läßt sich der Teufel nicht. Die Groß-

mutter des Teufels hat übrigens im ersten Teil der Erzählung eine Vorläuferin: die mitleidige Alte bei den Räubern.
Der zweite Teil unseres Märchens ist eine Art Gegenbild des ersten. Nicht nur ist der Held, obwohl von einem anderen beordert und im entscheidenden Abenteuer auf Hilfe angewiesen, aktiver, zielbewußter als im ersten, seine Begegnungen sind auch anderer Art. Während es im ersten Teil fortgesetzte Bedrohungen und Errettungen waren — in indischen Varianten wird dieses Schema Bedrohung/Errettung in monotoner Wiederholung noch und noch abgewandelt — stößt der Junge im zweiten Teil auf seinem Wege zum Teufel oder zum Vogel Greif auf Leute, die ihn bitten, beim Teufel oder allwissenden Riesenvogel nach Dingen zu fragen, die ihnen lebenswichtig sind. Der eine möchte wissen, warum der Brunnen auf dem Markt vertrocknet ist, der andere, warum ein Goldapfelbaum verdorre, der dritte, warum er ewig Fährmann sein müsse und niemals abgelöst werde. So in der Grimmschen Version; anderswo lauten die Fragen anders, aber doch immer so, daß sie Bitten um Heilung oder Befreiung sind. Der Junge darf also, indem er seinen eigenen Weg geht, zugleich andern Hilfe bringen. Im ersten Teil geht alles nur um sein Davonkommen; der zweite Teil zeigt eine fortgeschrittene Entwicklung, der Held scheint gereift, er kann nun auch andern das Heil bringen. Das große Abenteuer in der Unterwelt ist in den Kinder- und Hausmärchen so dargestellt.

Als der Abend einbrach, kam der Teufel nach Haus. Kaum war er eingetreten, so merkte er, daß die Luft nicht rein war. „Ich rieche, rieche Menschenfleisch", sagte er, „es ist hier nicht richtig." Dann guckte er in alle Ecken und suchte, konnte aber nichts finden. Die Ellermutter schalt ihn aus: „Eben ist erst gekehrt", sprach sie, „und alles in Ordnung gebracht, nun wirfst du mirs wieder untereinander, immer hast du Menschenfleisch in der Nase! Setze dich nieder und iß dein Abendbrot." Als er gegessen und getrunken hatte, war er müde, legte der Ellermutter seinen Kopf in den Schoß und sagte, sie solle ihn ein wenig lausen. Es dauerte nicht lange, so schlummerte er ein, blies und schnarchte. Da faßte die Alte ein goldenes Haar, riß es aus und legte es neben sich. „Autsch!" schrie der Teufel,

„was hast du vor?" „Ich habe einen schweren Traum gehabt", antwortete die Ellermutter, „da hab ich dir in die Haare gefaßt." „Was hat dir denn geträumt?" fragte der Teufel. „Mir hat geträumt, ein Marktbrunnen, aus dem sonst Wein quoll, sei versiegt, und es habe nicht einmal Wasser daraus quellen wollen, was ist wohl schuld daran?" „He, wenn sies wüßten!" antwortete der Teufel, „es sitzt eine Kröte unter einem Stein im Brunnen, wenn sie die töten, so wird der Wein schon wieder fließen." Die Ellermutter lauste ihn wieder, bis er einschlief und schnarchte, daß die Fenster zitterten. Da riß sie ihm das zweite Haar aus. „Hu! was machst du?" schrie der Teufel zornig. „Nimms nicht übel", antwortete sie, „ich habe es im Traum getan". „Was hat dir wieder geträumt?" fragte er. „Mir hat geträumt, in einem Königreiche ständ ein Obstbaum, der hätte sonst goldene Äpfel getragen und wollte jetzt nicht einmal Laub treiben. Was war wohl die Ursache davon?" „He, wenn sies wüßten!" antwortete der Teufel, „an der Wurzel nagt eine Maus, wenn sie die töten, so wird er schon wieder goldene Äpfel tragen, nagt sie aber noch länger, so verdorrt der Baum gänzlich. Aber laß mich mit deinen Träumen in Ruhe, wenn du mich noch einmal im Schlafe störst, so kriegst du eine Ohrfeige." Die Ellermutter sprach ihm zugut und lauste ihn wieder, bis er eingeschlafen war und schnarchte. Da faßte sie das dritte goldene Haar und riß es ihm aus. Der Teufel fuhr in die Höhe, schrie und wollte übel mit ihr wirtschaften, aber sie besänftigte ihn nochmals und sprach: „Wer kann für böse Träume!" Was hat dir denn geträumt?" fragte er und war doch neugierig. „Mir hat von einem Fährmann geträumt, der sich beklagte, daß er immer hin und her fahren müßte und nicht abgelöst würde. Was ist wohl schuld?" „He, der Dummbart!" antwortete der Teufel, „wenn einer kommt und will überfahren, so muß er ihm die Stange in die Hand geben, dann muß der andere überfahren, und er ist frei." Da die Ellermutter ihm die drei goldenen Haare ausgerissen hatte und die drei Fragen beantwortet waren, so ließ sie den alten Drachen in Ruhe, und er schlief, bis der Tag anbrach.

Auf der Rückreise überbringt nun, spiegelsymmetrisch zur Hinreise, der Glücksjunge den geplagten Fragern die helfenden

Antworten; die lebensfeindlichen Mächte, Maus und Kröte, werden beseitigt, der Goldapfelbaum kann wieder Früchte tragen, der Marktbrunnen wieder Wein fließen lassen. Der Junge wird mit reichen Goldlasten belohnt, und als der König, der ihn ausgeschickt hat, die vier mit Gold beladenen Esel sieht, will er sich auch solche Schätze holen. Aber wie der Teufel überlistet worden ist, so wird nun auch dieser Repräsentant des Bösen betrogen. Dem Fährmann nämlich hat der Junge des Teufels Rat erst gegeben, nachdem er übergesetzt worden war, aus sicherer Entfernung: „Wenn wieder einer kommt und will übergefahren sein, so gib ihm nur die Stange in die Hand." Der nächste, der kommt, ist nun der böse König, der Fährmann gibt ihm die Ruderstange in die Hand, und der mörderische König muß fortan, magisch gezwungen, Fährmannsdienste leisten. Wie in den vielen Sagen vom betrogenen Teufel wird auch im Märchen das Böse überlistet und in Dienst genommen.
Das Volksmärchen hat, und dies nicht nur bei den Brüdern Grimm, in die Augen springende künstlerische Qualitäten. Es kennt die **dichterische Ökonomie**: Während in weniger vollendeten Fassungen dem Teufel oder Vogel Greif die Haare oder Federn entrissen und unabhängig davon die verschiedenen Fragen vorgelegt werden, werden in den besten Varianten beide Elemente geschickt kombiniert: Die drei Fragen müssen das Auszupfen der drei Haare oder Federn **begründen**. Der Teufel oder Riesenvogel gibt die Antworten aus dem Schlaf heraus. Während im ersten Teil der Junge fest einschläft, schläft jetzt der Teufel, der Junge ist hellwach und hört genau zu. Auch hierin also ist der zweite Teil ein Gegenbild des ersten. Damals war der Junge müde und schlief ein, jetzt ist der Böse müde und schläft ein. Damals empfing der Junge die Wohltat der Räuber, während er schlief, jetzt werden dem schlafenden oder aus dem Schlafe fahrenden Teufel die kostbaren Haare und die wertvollen Antworten entrissen. Daß zudem noch die Helferin vorgibt, sie habe geträumt, und das dreimal nacheinander, ist eine weitere Variation des Schlaf-Motivs. Immer wieder können wir feststellen, daß das scheinbar so einfache Märchen ein feines und in seiner Weise recht komplexes Kunstwerk ist. Im ersten Teil unserer Geschichte wird der Held dreimal gerettet — aus dem Wasser, vor den Räubern und im Königshaus, im zweiten

Teil darf er dreimal Hilfe bringen. Im ersten Teil dreimal bedroht, im zweiten Teil dreimal Erlöser. Den Rahmen aber bildet die große Glücksverheißung des Anfangs und die gefährliche Prüfung am Schluß. Der Junge wird mit einer Glückshaut geboren. Hier ragt ein Stück Volksaberglauben ins Märchen herein: Wem bei der Geburt noch etwas von der Fruchthaut, der Embryonalhaut anhaftet, der gilt als gezeichnet zu einem besonderen Leben, als vorbestimmt zu Glück und Reichtum. Und nun, im Kontrast zu dieser großen Glücksverheißung, folgen Schlag auf Schlag die schweren Schicksalsnöte, bis der erste Teil mit der allen Beteiligten unverständlichen Hochzeit schließt. Im zweiten Teil statt der unmittelbaren Todesgefahren die Aufträge, die der Junge frohgemut entgegennimmt und durchführt. Als Höhepunkt das Abenteuer in der Hölle, die bedrohlichste Prüfung des Helden, eine unheimliche Antwort auf die Glücksverheißung des Anfangs: das Glückskind gerät in die Machtsphäre des Teufels oder eines menschenfressenden Ungetüms, das in ungezählten Varianten, die doch sonst in manchem recht verschieden sind, sein immer gleiches „Ich rieche, rieche Menschenfleisch" oder „Es riecht nach Christenfleisch" hervorstößt. Aber dieses gefährlichste Abenteuer bringt den höchsten Gewinn. Auch hier ragt ein Stück Volksglaubens herein: Die Haare sind, wie es schon die Erzählung von Simson zeigt, der Sitz der Kraft. Der Teufel wird entmachtet, wenn man ihm seine drei Haupthaare raubt, und die Macht geht über auf den neuen Besitzer, der ja nun auch das Wissen des Teufels, des Jenseitswesens mit sich nimmt. Bei ihm wird es zum Heilwissen, während der Teufel sich hütete, mit seinen Kenntnissen Leben zu fördern. Das Volksmärchen hat hier ein Glaubenselement in sich aufgenommen, aber es ist leicht, es ist schwerelos geworden in seinem Gefüge: Wer würde, wenn er es nicht wüßte, noch spüren, daß in den Haaren die Kraft eines Wesens verborgen liegen kann? Schon eher empfindet man die Symbolik der goldenen Farbe: Mitten im Dunkel der Unterwelt leuchtet eine geheimnisvolle Kostbarkeit, und es gelingt dem Helden, sie ihr zu entreißen.

Es wäre verlockend, bei einzelnen der vielen Varianten länger zu verweilen. Man trifft in ihnen künstlerische Ökonomie auch an anderen Stellen als in der Grimmschen Version. In der norwegischen Erzählung vom reichen Peter Krämer trägt ein König dem zum Drachen von Dybenfart wandernden Jüngling die Frage auf, wo denn seine Tochter sei, die vor vielen Jahren verschwunden. Der Junge trifft im Schloß des Drachen eine Prinzessin, die ihm hilft. Als sie, wiederum angeblich aus einem wunderlichen Traum aufwachend, den Drachen fragt, wo die Tochter jenes Königs hingekommen sei, ruft der Drache „Das bist (ja) du — aber dich bekommt er nie mehr zu sehen." Ein Element der Erzählung wird also mehrfach ausgewertet, das aber ist Verdichtung, ist dichterische Ökonomie. In dieser norwegischen Fassung ist übrigens der Held noch aktiver als in der Grimmschen; er reißt dem Drachen selber die drei Schwanzfedern aus und schlägt ihm das Haupt ab; dazu freilich hat er erst einen Krafttrank trinken müssen, den die Prinzessin ihm reichte; erst dann war er imstande, des Drachen Schwert zu schwingen — der Drache kommt durch sein eigenes Schwert um, er geht also an sich selbst zugrunde, ein Thema, das wir im Schneewittchenmärchen mehrfach variiert gesehen haben und das auch im Märchentyp vom Teufel mit den drei goldenen Haaren da ist: Der böse Auftraggeber fängt sich schließlich im eigenen Netz, er muß die mühevolle Arbeit des Fährmanns übernehmen oder ertrinkt gar im Fluß, erleidet also das Todesschicksal, das er seinem Schwiegersohn zugedacht hatte, ähnlich wie in jenen Varianten, wo er selber statt des Schwiegersohns in die Kalkgrube oder in den Hochofen geworfen wird. „Der Mensch fällt nur durch sich", das ist ein Thema, das im Volksmärchen in vielen Tonarten erklingt. Ebenso eindringlich aber ertönt immer wieder auch das andere, das komplementäre Thema: Der Mensch ist niemals seines Schicksals einziger Schmied, er ist auf Hilfen angewiesen, die ihm aus der diesseitigen wie auch aus der jenseitigen Welt zuströmen.

In einer Wendung der norwegischen Variante kommt die Unfruchtbarkeit des Bösen besonders deutlich zum Ausdruck. Die Prinzessin weist den Jungen an, dem Drachen mit einem Schlag den Kopf abzuhauen und ihm gleichzeitig die Federn auszureißen: „Denn sonst reißt er sie sich selber aus, damit keiner Nutzen davon hat." In einzelnen Fassungen ist der Fährmann durch einen Soldaten ersetzt, der seit Jahren eine Kanone bedienen oder ein Gewehr halten muß. „Seit sieben Jahren stehe ich hier Schildwache und möchte abgelöst werden", heißt es in einer Version aus dem schweizerischen Wallis — ein Stückchen Lokalkolorit in der milizgewohnten Schweiz. Aber der Fährmann, hinter dem man von ferne die Gestalt Charons ahnt, der über das Wasser in die Jenseitswelt hinüberführt, ist weit häufiger und symbolkräftiger. Daß er dann nicht durch irgendeinen, sondern gerade durch den Peiniger des Helden abgelöst wird, ist nicht nur inhaltlich bedeutungsvoll, sondern auch künstlerisch sinnvoll, es ist wieder ein Stück künstlerischer Ökonomie.

Wir versagen es uns, weiter in die vielfach hübschen Spielformen der Varianten, von denen einzelne sich weit von der Normalform entfernen, einzudringen. Wenn wir die Grundform noch einmal bedenken, so fällt uns die Parallele zu der Ödipusmythe auf. Dort, in der Erzählung von Ödipus, eine Unglücksweissagung, die sich trotz aller Gegenmaßnahmen schließlich erfüllt. Hier, im Märchen, eine Glücksverheißung, die sich, trotz aller üblen Gegenzüge, auf ebenso unwahrscheinliche Art durchsetzt wie das Unglück in der Ödipussage. Das Märchen sieht die Gefährdung des Menschen auch, und es stellt sie in drastischen Bildern dar, aber es sieht einen Sinn in all den Prüfungen und läßt den Menschen gestärkt und erhöht aus ihnen hervorgehen.

Nachweis der Zitate:

„Der Teufel mit den drei goldenen Haaren" KHM 29, ATh 461, 930. — Agnes Kovács' Hinweis im Nachwort zu ihren Ungarischen Volksmärchen, Düsseldorf/Köln 1966 (MdW). — Rilkes Gedicht ist das neunte der „Sonette an Orpheus". — Die Holsteiner Erzählungen (aufgezeichnet 1906 und 1908) bei Kurt Ranke, Schleswig-Holsteinische Volksmärchen, Bd. II, Kiel 1958, S. 76, 79. — Die russische Erzählung „Marko, der Reiche" bei August von Löwis of Menar, Russische Volksmärchen, Jena 1927, Neudruck Düsseldorf/Köln 1959 (MdW). — Davids Brief an Joab („Uriasbrief"): 2. Samuel 11, 15. — Die Stelle aus der Chronik von Saxo Grammaticus bei J. Schick, Das Glückskind mit dem Todesbrief. Orientalische Fassungen, Berlin 1912, S. 9. — Andreas Gryphius' Satz „Der Mensch fällt nur durch sich" steht in seinem Trauer-Spiel Cardenio und Celinde, Akt V, Vers 375 (1657 veröffentlicht). — Die Geschichte vom reichen Peter Krämer in den von K. Stroebe und R. Th. Christiansen herausgegebenen Norwegischen Volksmärchen, Düsseldorf/Köln 1967 (MdW). — Das Walliser Märchen „Der Gang zu Luzifer" bei Johannes Jegerlehner, Sagen aus dem Unterwallis, Basel 1909, S. 81 ff.

Literatur:

Antti Aarne, Der reiche Mann und sein Schwiegersohn, Hamina 1916 (FFC 23). — Václav Tille, Das Märchen vom Schicksalskind, in: Zeitschrift des Vereins für Volkskunde 29, 1919, S. 22—40. Vgl. auch das oben genannte Buch von J. Schick, ferner Archer Taylor, The Predestined Wife (ATh 930 A) in der Zeitschrift Fabula, Bd. 2, 1958, S. 45. — Zu den die Volksmärchen durchdringenden Ironien der Handlung (Ironie: Gutes führt zu Bösem, Konträrironie: Böses führt zu Gutem) s. mein Buch Das Volksmärchen als Dichtung, Düsseldorf/Köln 1975, und meinen Aufsatz Ironien in der Volkserzählung, in Folk Narrative Research, hrsg. von Juha Pentikäinen, Helsinki 1976, S. 67; zur Ökonomie vgl. meinen Aufsatz Dichterische Ökonomie in der Volkserzählung, enthalten in der Festschrift für Robert Wildhaber, Schweiz. Archiv für Volkskunde, Bd. 68/69, 1972/73, S. 388.

DER DANKBARE TOTE

Eine große Gruppe von Märchen pflegt man als Erlösungsmärchen zu bezeichnen. Zu ihnen gehören die Geschichten von den sieben Raben, den zwölf Schwänen, die vielen Erzählungen von Tierbräutigam, Tierbraut und Tierkind, aber auch „Brüderchen und Schwesterchen", „Dornröschen", „Schneewittchen" und manche andere Stücke aus den Kinder- und Hausmärchen der Brüder Grimm. Erlösung bedeutet Befreiung aus einer bösen Verzauberung, Lösung einer zauberischen Verwandlung, Aufhebung einer Verwünschung. Nicht immer wird dargestellt oder auch nur bekanntgegeben, warum eine Figur der Verwünschung anheimgefallen ist. Der Akzent liegt deutlich auf dem anderen Pol, auf dem der Erlösung. In einem weiteren Sinne sind fast alle Märchen Erlösungsmärchen: Immer geht es irgendwie um Rettung oder Befreiung. Daß der Mensch im Volksmärchen als ein solcher erscheint, der grundsätzlich auf Hilfen angewiesen ist, das haben wir schon öfters beobachten können. Die wichtige Rolle der Verwünschung und Erlösung, der Umstand, daß der Grund der Verzauberung oft gar nicht genannt wird, zeigen ein weiteres: Das Märchen sieht den Menschen als erlösungbedürftig an sich an. Damit ist es, wie andersartig auch sein äußeres Gewand ist, gar nicht weit von christlicher Auffassung entfernt.

In mehrfacher Abwandlung erscheint das Thema der Hilfs- und Erlösungsbedürftigkeit des Menschen in den Geschichten von einem toten Helfer. Wie der Ausdruck es nahelegt, ist hier der Helfer selber hilfsbedürftig. Die vielen Märchen vom dankbaren Toten erzählen, wie ein junger Wanderer seine ganze Barschaft hingibt, um einen Leichnam, der ausgepeitscht oder bespien oder sonstwie entehrt wird, loszukaufen und ihn begraben zu lassen. Später darf der selbstlose Wandersmann seinerseits die Hilfe des dankbaren Toten erfahren.

Der Beginn dieser Geschichte lautet in der berühmten norwegischen Märchensammlung von Asbjörnsen und Moe so:

Es war einmal ein Bauernbursch, dem träumte, er werde eine Prinzessin bekommen, weit, weit fort, und sie wäre so weiß wie Milch und so rot wie Blut und so reich, daß ihr Reichtum kein Ende hätte ... Da verkaufte er alles was er hatte und zog aus und suchte sie. Er wanderte weit umher und kam schließlich zur Winterszeit in ein Land, wo alle Straßen geradeaus gingen und keinerlei Biegung machten. Als er ein Vierteljahr lang geradeaus gewandert war, kam er in eine Stadt. Da lag außen vor der Kirchentür ein großer Eisklumpen, und mitten darin war eine Leiche, und die ganze Gemeinde spuckte im Vorbeigehen darauf. Der Bursche verwunderte sich darüber, und als der Pfarrer aus der Kirche kam, fragte er ihn, was das bedeuten solle. „Das ist ein arger Missetäter gewesen", sagte der Pfarrer, „man hat ihn um seiner Sünden willen hingerichtet und hier zu Spott und Schande aufgestellt." — „Was hat er denn getan?" fragte der Bursche.

„In diesem irdischen Leben war er ein Weinhändler", sagte der Pfarrer, „und er hat Wasser in den Wein geschüttet." So erschrecklich kam das dem Burschen nicht vor. „Wenn man ihn doch mit dem Leben hat dafür bezahlen lassen", sagte er, „könnte man ihm ein christliches Begräbnis schon verstatten und den Toten ruhen lassen!" Aber darauf sagte der Pfarrer, das sei auf keine Weise zu machen, denn um ihn aus dem Eis herauszubrechen, brauche man Leute; und man brauche Geld, um von der Kirche das Grab zu kaufen, und der Totengräber wolle Geld für seine Mühe, der Küster für die Glocken, der Kantor für den Gesang und der Pfarrer für die Leichenpredigt. „Glaubst du, daß es einen Menschen gibt, der all das viele Geld für einen solchen argen Sünder zahlen will?" fragte der Pfarrer. „Ja", sagte der Bursche, wenn er ihm nur ein Begräbnis verschaffen könne, so wolle er schon den Leichenschmaus zahlen.

Der Pfarrer wollte erst nichts davon wissen, aber als der erste Bursche mit zwei Männern wieder kam und ihn vor ihren Ohren fragte, ob er das christliche Begräbnis verweigere, wagte er keinen Widerspruch mehr.

Also befreiten sie den Weinhändler aus dem Eisklotz und legten ihn in geweihte Erde. Die Glocken läuteten, und es wurde gesungen, und der Pfarrer warf Erde auf den Sarg, und sie hielten einen Leichenschmaus, und es gab abwechselnd Tränen und Gelächter. Als aber der Bursche den Leichenschmaus bezahlt hatte, hatte er nicht mehr viel Groschen in der Tasche.
Darauf machte er sich wieder auf den Weg; aber er war noch nicht weit gegangen, als ein Mann hinter ihm herkam und ihn fragte, ob er es nicht langweilig finde, so allein vor sich hin zu gehen?
„Nein", sagte der Bursche, er habe immer etwas, woran er denken müsse. Der Mann fragte, ob er nicht einen Diener brauche.
„Nein", sagte der Bursche, „ich bin gewöhnt, mein eigener Diener zu sein, deshalb brauche ich keinen, und wenn ich auch noch so gern einen haben wollte, so könnte ich doch nicht, denn ich habe kein Geld für Kost und Lohn."
„Du hast aber doch einen Diener nötig, das weiß ich besser als du", sagte der Mann, „und zwar brauchst du einen, auf den du dich in Leben und Tod verlassen kannst. Wenn du mich aber nicht als Diener haben willst, so nimm mich als Kameraden; ich verspreche dir, es soll dein Schade nicht sein, und ich werde dir keinen Schilling kosten. Ich reise auf eigene Kosten, und um Essen und Kleider brauchst du dich auch nicht zu bemühen.

Wie leicht zu erraten, ist der geheimnisvolle Reisekamerad kein anderer als der dankbare Tote, der nun zum Helfer des jungen Wanderers wird, ohne den dieser seine Traumprinzessin nie zu gewinnen vermöchte. Gerade dadurch, daß der Held sich von allen Mitteln entblößt, erwirbt er sich, ohne es zu ahnen, das einzige, was ihn zu seinem Ziele führen kann, einen überirdischen Helfer. Es ist, in anderem Kleide, eine uns schon vertraute Lieblingswendung des Volksmärchens überhaupt: die Dinge wenden sich in ihr Gegenteil. Das Unwahrscheinliche tritt ein; nicht die vernünftigen Brüder, sondern der Dummling findet das Lebenswasser, nicht die fürstlichen Schwiegersöhne, sondern der verachtete Grindkopf führt das Heer zum Sieg, nicht die hohen Damen, sondern die Küchenmagd gewinnt den Prinzen; die Verstoßung, ja der Durchgang durch den Tod führt

Schneewittchen ins Glück ebenso wie der Todesbrief den von einem König oder reichem Kaufmann verfolgten Jüngling. Gerade weil unser Held, rücksichtslos gegen sich selber, sein Ziel außer acht lassend, nur der aktuellen Situation gerecht zu werden und die Forderung der Stunde zu erfüllen sucht, bringt er sich seinem Ziele näher. Nur wer fahren lassen kann, gewinnt sich das Himmelreich — wiederum sehen wir das Volksmärchen christlichen Einsichten nahe kommen. So ballt sich in der einfachen Gebärde unseres Märchens manches zusammen. Dreierlei Sinnbezüge werden sichtbar: erstens der Umschlag ins Gegenteil — was den Wanderer arm zu machen schien, macht ihn in Wirklichkeit reich; zweitens die unerwartete Reichweite der vollen Hingabe an die Pflicht des Augenblicks — nur weil der Held sein Ziel aus den Augen läßt, wird es ihm gelingen, dieses Ziel zu erreichen; und drittens das Allgemeinere, von christlichen und außerchristlichen Mystikern so oft Wiederholte: Nur wer sich preiszugeben imstande ist, hat eine Chance, sich zu gewinnen.

Die norwegische Erzählung ist ein schönes Beispiel für die Neigung des Märchens, Irreales und Alltägliches zu mischen. Das Land, in dem alle Straßen geradeaus gehen und keinerlei Biegung machen, ist in seiner Linienschärfe und Unbedingtheit eine Art Urbild des Märchenlands überhaupt. Zu dieser Unbedingtheit und extremen Ausprägung gehört auch die Charakteristik der Traumprinzessin: weiß wie Milch, rot wie Blut und unermeßlich reich. Auch der Eisklumpen paßt gut in die glasklare Welt des Märchens. Und von der gleichen Perfektion sind die Entschlüsse des Helden: Zuerst verkauft er all sein Hab und Gut, nachher gibt er so gut wie alles für einen ihm unbekannten toten Rechtsbrecher hin. So gut wie alles — aber einige Groschen bleiben ihm doch. In vielen anderen Fassungen unserer Erzählung reicht seine Barschaft ganz genau, um den Toten loszukaufen. Die norwegische Fassung öffnet sich hier der Realistik, die wir in ihr auch sonst beobachten können, sie erzählt von Weinpanscherei, von den Tränen und dem Gelächter des Leichenschmauses — weil solches eben zu einem traditionellen Leichenschmaus gehört, das zeremonielle „Trauerweinen" ebenso wie die Rückwendung zu frohem Leben.

Die bekannteste Fassung unseres Märchens stammt ebenfalls aus dem Norden, der dänische Dichter Hans Christian Andersen hat es auf der Insel Fünen erzählen hören und dann unter dem Titel „Der Reisekamerad" auf seine Weise wiedererzählt. Bei Andersen träumt der Held, er heißt Johannes, in der Sterbenacht seines Vaters von einem „schönen Mädchen mit einer Goldkrone auf ihrem langen, prächtigen Haar", und auch er wandert nun in die Welt hinaus.

Früh am nächsten Morgen packte Johannes sein kleines Bündel zusammen und verwahrte sein ganzes Erbteil in seinem Gürtel; es waren fünfzig Reichstaler und ein paar Silberschillinge, damit wollte er in die Welt hinaus wandern. Aber zuerst ging er auf den Kirchhof zu seines Vaters Grab, sprach sein Vaterunser und sagte: „Leb wohl, du lieber Vater! Ich will immer ein guter Mensch sein, und dann darfst du den lieben Gott wohl darum bitten, daß er mir helfe!"
Draußen auf dem Felde, wo Johannes ging, standen alle Blumen so frisch und schön in dem warmen Sonnenschein, und sie nickten im Wind, als ob sie sagen wollten: „Willkommen im Grünen! ist es hier nicht reizend?" Aber Johannes wandte sich noch einmal zurück, um die alte Kirche zu sehen, in der er jeden Sonntag mit seinem alten Vater gewesen war und sein Lied gesungen hatte. Da sah er hoch oben in einer der Öffnungen des Turmes das Kirchenheinzelmännchen stehen mit seiner kleinen, roten, spitzen Mütze, legte die Hand aufs Herz und warf ihm viele Kußhände zu, um zu zeigen, wie er ihm alles Gute wünsche, und daß er eine recht glückliche Reise machen möge.
Johannes dachte daran, wieviel Schönes er nun in der großen, prächtigen Welt zu sehen bekommen sollte, und ging weiter und weiter fort, so weit, wie er früher nie gewesen war. Er kannte die Städte gar nicht, durch die er kam, oder die Menschen, denen er begegnete. Jetzt war er weit draußen unter Fremden.
In der ersten Nacht mußte er sich auf einem Heuschober auf dem Feld schlafen legen, ein anderes Bett hatte er nicht. Aber das war gerade hübsch, fand er, der König konnte es nicht besser haben. Das ganze Feld mit dem Bach, der Heuschober

und dann der blaue Himmel darüber, das war just eine schöne Schlafkammer. Das grüne Gras mit den kleinen roten und weißen Blumen war der Teppich, die Holunderbüsche und die wilden Rosenhecken waren Blumensträuße, und als Waschbecken hatte er den ganzen Bach mit dem klaren, frischen Wasser, wo das Schilf sich neigte und ihm sowohl guten Abend als guten Morgen sagte. Der Mond war eine richtige große Nachtlampe, hoch oben unter der blauen Decke, und er setzte die Gardinen nicht in Brand; Johannes konnte ganz ruhig schlafen, und er tat es auch und erwachte erst wieder, als die Sonne aufging und alle die kleinen Vögel ringsumher sangen: „Guten Morgen! Guten Morgen! Bist du noch nicht auf?"

Auch bei Andersen trifft der jugendliche Held auf einen Toten, der nicht begraben, sondern aus seinem Sarg geworfen werden soll; denn er hat Schulden hinterlassen. Hier hält sich Andersen genau an das überlieferte Motiv, wie wir es aus zahllosen Erzählungen kennen, während das norwegische Volksmärchen, das vom Weinpanschen zu berichten weiß, an dieser Stelle individuell abwandelt. Andersen erzählt weiter:

Und dann nahmen sie das Geld, das Johannes ihnen gab, lachten ganz laut über seine Güte und gingen ihres Weges. Aber Johannes legte die Leiche wieder im Sarg zurecht, faltete ihr die Hände, sagte Lebewohl und ging so recht zufrieden durch den großen Wald.

Ringsumher, wo der Mond zwischen den Bäumen hereinscheinen konnte, sah er die lieblichsten kleinen Elfen lustig spielen. Sie ließen sich nicht stören, denn sie wußten wohl, daß er ein guter, unschuldiger Mensch war, und es sind nur die bösen Leute, die die Elfen nicht zu sehen bekommen dürfen. Einige von ihnen waren nicht größer als ein Finger und hatten ihr langes, gelbes Haar mit Goldkämmen aufgesteckt; zwei und zwei schaukelten sie auf den großen Tautropfen, die auf den Blättern und dem hohen Gras lagen. Zuweilen entrollte der Tropfen, dann fielen sie hinunter zwischen die langen Grashalme, und es entstand ein Lachen und Lärmen unter den andern kleinen Knirpsen. Es war unglaublich lustig! Sie sangen, und Johannes erkannte ganz deutlich alle die schönen Weisen,

die er als kleiner Knabe gelernt hatte. Große, bunte Spinnen mit Silberkronen auf dem Kopf mußten von der einen Hecke zur andern lange Hängebrücken und Paläste spinnen, die, als der feine Tau darauf fiel, wie schimmerndes Glas im klaren Mondschein aussahen. So währte es fort, gerade bis die Sonne aufstand. Die kleinen Elfen krochen dann in die Blumenknospen hinein, und der Wind erfaßte ihre Brücken und Schlösser, die dann als große Spinngewebe durch die Luft flogen.
Johannes war eben aus dem Wald herausgekommen, als eine laute Männerstimme hinter ihm rief: „Holla, Kamerad! Wohin geht die Reise?"
„Hinaus in die weite Welt!" sagte Johannes. „Ich habe weder Vater noch Mutter, bin ein armer Bursche, aber der Herr hilft mir schon!"
„Ich will auch hinaus in die weite Welt!" sagte der fremde Mann. „Wollen wir beide einander Gesellschaft leisten?"
„Jawohl!" sagte Johannes und dann gingen sie miteinander. Sie gewannen sich bald sehr lieb, denn sie waren gute Menschen alle beide. Aber Johannes merkte wohl, daß der Fremde viel klüger war als er. Er war fast überall in der Welt herumgewesen und wußte von allem möglichen, was es gab, zu erzählen.

Welch ein Kontrast zwischen der einfachen Volkserzählung und der Schilderung bei Andersen. Dort entschlossenes Vorwärtsschreiten der Handlung, hier genießerisches Verweilen und Ausmalen. In keinem Volksmärchen wird so von der Natur gesprochen wie hier. In keinem Volksmärchen wird eine Fabelfigur, die keinerlei Handlungsfunktion hat, so liebevoll ins Auge gefaßt wie hier das Kirchenheinzelmännchen. In keinem finden wir Partien wie die folgende — sie handelt vom Begräbnis des Vaters —:

Die Tränen traten Johannes in die Augen, er weinte, und das tat wohl in seiner Trauer. Die Sonne schien herrlich auf die grünen Bäume, als ob sie sagen wollte: „Du sollst nicht so traurig sein, Johannes. Kannst du sehen, wie schön blau der Himmel ist? Dort oben ist nun dein Vater und bittet den lieben Gott, daß es dir immer wohl ergehen möge!"

„Ich will immer gut sein!" sagte Johannes, *„dann komme ich auch in den Himmel hinauf zu meinem Vater, und was für eine Freude wird das sein, wenn wir uns wiedersehen! Wieviel werde ich ihm da erzählen können, und er wiederum wird mir so viele Dinge zeigen, wird mich soviel von all dem Schönen im Himmel lehren, so wie er mich hier auf Erden belehrte. Oh, was für eine Freude wird das werden!"*
Johannes dachte sich das so deutlich, daß er dabei lächelte, während die Tränen ihm noch über die Wangen liefen.

In keinem Volksmärchen finden wir Reflexionen, wie Johannes sie anstellt, als er auf den unbeerdigten fremden Toten stößt:

Johannes war gar nicht bange, denn er hatte ein gutes Gewissen, und er wußte wohl, daß die Toten niemand etwas antun. Es sind lebende böse Menschen, die Übles tun.

Volksmärchen und Dichtermärchen: zwei verschiedene Welten. Andersen hat manche seiner Geschichten frei fabuliert, andere gehen auf Volkserzählungen zurück, aber in wie ganz anderem Stil erzählt er als das Volk. Das Volk hat im 16. Jahrhundert – die damals aufgeschriebene Geschichte vom Erdkühlein bezeugt es – nicht viel anders erzählt als im neunzehnten und zwanzigsten. Der große Dichter aber, dem wir manche entzückende Geschichte danken, ist in seiner Erzählweise doch recht zeitgebunden, sentimentalisierend, moralisierend, schwärmerisch.

Wir ziehen eine dritte Variante unseres Märchentyps heran. Diesmal nicht, um auf ihren Stil zu achten, denn ihn hat der Herausgeber wohl kaum ganz genau wiedergegeben, sondern weil wir hier eine Kurzform vor uns haben, die uns den Überblick über die ganze Geschichte gestattet. Es ist eine Oberwalliser Erzählung, von Johannes Jegerlehner vor dem Ersten Weltkrieg aufgezeichnet.

Ein reiches Ehepaar hatte einen Sohn. Der Vater hatte seine Gelder in einer andern Landschaft angelegt. Als der Sohn herangewachsen war, sagte er zu ihm: „Du kannst mich jetzt begleiten; wir holen die Zinsen; das nächste Mal kennst du

dann den Weg und kannst dann allein gehen!" Der Sohn begleitete den Vater, und sie holten den Zins. Nach einem Jahr sagte der Vater: *"Geh und hole mir den Zins, den Weg kennst du ja!"*
Der Sohn begab sich auf den Weg und faßte den Zins, mußte aber in der Stadt über Nacht bleiben. Im Verlauf des Abends ging er spazieren. Da sah er eine Gruppe von Leuten, die einen toten Menschen auspeitschten. Als er fragte, was das zu bedeuten habe, erhielt er zur Antwort: *"Das ist hier so der Brauch; wer stirbt, ohne seine Schulden zu bezahlen, wird ausgepeitscht!"* Das schien ihm eine Barbarei zu sein. Er fragte, wie groß die Schulden des Toten seien. Als man ihm die Summe nannte, griff er in den Sack, zog die Zinsen heraus und bezahlte die Schuld, damit der Tote nicht länger mehr geprügelt werde. Dann zog er nach Hause.
Der Vater fragte ihn, wo er das Geld habe. Da zeigte der Sohn den leeren Sack und erzählte seine Erlebnisse. Der Vater wurde sehr böse und schrie ihn an: *"Du dummer Narr, der Tote hat ja die Schläge nicht gespürt, lasse mir solche Streiche in Zukunft!"*
Nach einem Jahr hieß ihn der Vater wieder den Zins holen; *"aber die Dummheiten laß mir sein"*, ermahnte er ihn. Der Sohn unternahm die Reise und fasste den Zins. Auf der Rückreise kam er bei einem großen Gebäude vorüber. Zuunterst in der Mauer war ein kleines Loch, und drin bemerkte er eine Frauenhand, die winkte. Er fragte, wer drin sei. Da rief es aus dem Gefängnis: *"Hilf mir heraus, ich bin eine gestohlene Jungfrau!"* Er ergriff ein Messer, vergrößerte das Loch und zog sie heraus. Dann begleitete er sie in die nächste Stadt, suchte eine Wirtschaft, in der er das Mädchen in die Kost verdingen konnte und drückte dem Wirt den ganzen Zins für sie in die Hand.
Zu Hause angekommen, fragte der Vater, wo er den Zins habe. Er erzählte, wie er dazu gekommen, das Geld für ein Werk der Nächstenliebe auszulegen. Da wurde der Vater böse und jagte ihn fort. Da zog er in die Stadt zu dem Mädchen. Dieses erzählte ihm, sie sei eine Königstochter; sie hätte dem Vater geschrieben, und er habe ihr Geld gesandt. Sie lud ihn ein, sie nach Hause zu begleiten, denn sie hatte schon Neigung zu dem tapferen Burschen gefaßt. Sie mußten über das Meer reisen. Der Kapitän

des Schiffes sah wohl, daß die Königstochter in den Begleiter verliebt war; ihm gefiel sie aber auch, und er machte mit den Matrosen aus, ihn ins Meer zu werfen. Als sich ein Sturm erhob, rief man den Burschen aus der Kabine und bat ihn, auch Hand anzulegen. Als er helfen wollte, wurde er gefaßt und ins Meer geworfen. Er konnte sich an einem Brett festklammern, das ihn über Wasser hielt und während das Schiff fortzog, wurde er ans Ufer einer Insel geschwemmt ...
Der Kapitän aber brachte die Königstochter zu ihrem Vater, dem König, und sagte, er habe ihr das Leben gerettet und verlange sie zur Frau. Der König war damit einverstanden. Die Tochter aber ... schob die Heirat immer hinaus; noch ein Jahr wenigstens sollte der Kapitän warten.
Der Bursche auf der Insel schaute jeden Tag aus, ob nicht ein Schiff käme, dem er ein Zeichen geben könne. Aber weder Segel noch Maste zeigten sich, und so verstrich ein ganzes Jahr. Da kam eines Tages ein Hase durchs Wasser geschwommen, der anfing zu reden: „Setze dich auf meinen Rücken und sage mir, wohin ich dich tragen soll!" Der Bursche nannte die Gegend, wo die Königstochter zu Hause war, und der Hase trug ihn durchs Meer ans Land. Zum Abschied sagte das Tier: „Ich bin der Tote, den man ausgepeitscht und für den du bezahlt hast. Als Hase muß ich meine Schulden abbüßen, aber jetzt bin ich erlöst." Damit verschwand er. Der Bursche wanderte zu und kam in die Residenz. Als Pflasterbub wurde er im Palast des Königs angestellt. Auf dem Schiff hatte er der Königstochter oft auf einer Flöte vorgespielt. Diese Flöte, die er immer bei sich getragen, hatte er gerettet. Nach Feierabend setzte er sich auf die Mauer und spielte seine alten Weisen. Die Königstochter hörte ihn und sagte: „Wenn er nicht ins Wasser gestürzt wäre, so würde ich sagen, das sei mein Geliebter, der da unten spielt, denn grad solche Melodien hat er geblasen!"

Ein letzter Teil erzählt dann die Wiedervereinigung von Pflasterbub und Königstochter und die Bestrafung des falschen Kapitäns. Wie in der norwegischen Erzählung fehlt es auch hier nicht an Lokal- und Zeitkolorit. Pflasterbuben waren in den schweizerischen Dörfern eine wohlbekannte Erscheinung, nicht nur in Ems, von wo unsere Geschichte stammt. Und das Verdingen, das in Kost geben sind vertraute Begriffe in der Schweiz. Ist auch der Zorn des Vaters, der sein Geld lieber auf Zinsen anlegt, als daß er es für Wohltätigkeit ausgegeben sieht, echt schweizerisch? Man könnte es meinen: Point d'argent, point de Suisse. Aber wie erstaunen wir, wenn wir in einer italienischen Variante des 16. Jahrhunderts ganz ähnliches hören.

Im Kastell Trino in Piemont lebte vormals ein Notar namens Xenofonte, ein verständiger, scharfsinniger Mann. Dieser hatte einen Sohn von fünfzehn Jahren, namens Bertuccio, der eher einfältig als klug war. Nun geschah es, daß Xenofonte krank wurde und, da er sah, daß sein Ende bevorstand, sein Testament machte, in dem er seinen rechtmäßigen und natürlichen Sohn Bertuccio zum Universalerben einsetzte, freilich mit der Klausel, daß er nicht vor Vollendung seines dreißigsten Lebensjahrs die freie Verfügung über sein Vermögen haben solle. Wohl aber sollte er, wenn er fünfundzwanzig Jahre alt geworden, dreihundert Dukaten seines Vermögens zu Handelszwecken verwenden können. Als der Testator gestorben und Bertuccio fünfundzwanzig Jahre alt geworden war, verlangte er von seiner Mutter, welche Testamentsvollstreckerin war, hundert Dukaten. Die Mutter konnte sie ihm nicht verweigern, da es der Absicht ihres Gatten entsprach und gab sie ihm daher, bat ihn jedoch, sie vernünftig zu verwenden und etwas damit zu verdienen, damit er einiges zu den Lasten des Hauses beitragen könne. Und er erklärte, sich ihrer so zu bedienen, daß sie damit zufrieden sein würde. Nachdem Bertuccio Abschied genommen und sich auf den Weg gemacht hatte, begegnete er einem Straßenräuber, der einen Kaufmann getötet hatte und, obwohl er tot da lag, nicht aufhörte auf ihn einzustechen. Als Bertuccio dies sah, wurde er von Mitleid bewegt und sagte: „Was tust du, Kamerad? Siehst du denn nicht, daß er tot ist?" Da antwortete ihm der Straßenräuber mit seinen blutbesudelten Händen voll Ärger und Zorn: „Troll dich, ich rate dir gut, sonst geht dir's noch schlimmer!" Worauf Bertuccio: „O Bruder, willst du mir diesen Leichnam abtreten, wenn ich ihn dir bezahle?" „Und was willst du mir dafür geben?" fragte der Räuber dagegen. „Fünfzig Dukaten", antwortete Bertuccio. „Das ist wenig Geld im Vergleich zu dem, was der Leichnam wert ist", versetzte der

Räuber, „aber wenn du willst, ist er für achtzig Dukaten dein." Bertuccio, dessen ganzes Wesen von Liebe durchtränkt war, zahlte ihm achtzig Dukaten auf, lud den Leichnam auf die Schultern, trug ihn zu einer benachbarten Kirche und ließ ihm dort ein ehrenvolles Grab bereiten, worauf er den Rest der hundert Dukaten hingab, um Messen für ihn lesen und das Totenamt feiern zu lassen. Da er nun alles Geld los war und nichts hatte, wovon er leben konnte, kehrte er nach Hause zurück. Die Mutter, welche glaubte, ihr Sohn habe etwas verdient, kam ihm entgegen und fragte ihn, was für Geschäfte er gemacht habe. „Gute", antwortete er. Da freute sich die Mutter sehr und dankte Gott, daß er seinen Verstand geweckt und ihn erleuchtet habe. „Gestern, liebe Mutter", sagte Bertuccio, „habe ich deine und meine Seele gewonnen — wenn sie diese Leiber verlassen, werden sie geradewegs ins Paradies eingehen." Und hierauf erzählte er ihr die Sache von Anfang bis zu Ende. Als die Mutter dies hörte, empfand sie große Betrübnis und machte ihm schwere Vorwürfe. Einige Tage darauf drang Bertuccio in seine Mutter, ihm den Rest der dreihundert Dukaten auszuhändigen, die sein Vater ihm hinterlassen hatte. Da die Mutter sie ihm nicht verweigern konnte, rief sie wie außer sich: „Da nimm deine zweihundert Dukaten und mach den schlechtesten Gebrauch davon, den du kannst, aber komm mir nicht wieder ins Haus!"

Diese Geschichte, in der ersten Hälfte des 16. Jahrhunderts von Francesco Straparola geschrieben, ermangelt gewiß auch nicht der regionalen Tönung. Allein wie gleichen sich die Ausbrüche der italienischen Mutter und des deutschschweizer Vaters! Im Volksmärchen sind auch Einzelzüge erstaunlich oft nicht individuell, sondern von weither übernommen. So diene uns denn nun die schweizerische, die Oberwalliser Variante dazu, die Gesamtstruktur der Geschichte ins Auge zu fassen.
Der Zug, daß der junge Mann auszieht, Schulden einzutreiben, ist keineswegs eine schweizerische Spezialität. Er findet sich schon im alttestamentlichen Tobias-Buch, das uns Spuren der Erzählung vom toten Helfer aus der vorchristlichen Zeit überliefert. In der schweizerischen Version sind die Einleitung und die erste Episode glücklich verbunden. Der Sohn zieht aus,

um Schulden einzutreiben. Und dann stößt er auf einen Toten, den man um seiner Schulden willen entehrt und mißhandelt. Dieser Anblick prägt ihn. Er tritt aus den Gewohnheiten seines Milieus heraus und handelt ein erstes, dann ein zweites Mal den herkömmlichen Anschauungen entgegen und wird darauf vom Vater, von der herkömmlichen Gesellschaft also, verjagt. Aber wiederum ist die Verstoßung die Voraussetzung der Erhöhung. Es geht dem jungen Mann wie Saul, dem Sohne des Kis, der ausging, eine Eselin zu suchen, und der ein Königreich fand. Der Held unseres Märchens zieht aus, Zinsen einzufordern; die bringt er zwar nicht heim, aber er gewinnt dafür eine Königstochter zur Braut.

Das Märchen vom toten Helfer gliedert sich in zwei Teile. Der erste erzählt den Loskauf des mißhandelten Leichnams. Der zweite aber stellt dar, wie der Held mit Hilfe des dankbaren Toten eine königliche Braut gewinnt. In unserer schweizerischen Fassung muß er — wir erkennen eine vertraute Grundfigur — durch Todesnot hindurch, ehe er ins königliche Dasein eintreten darf. Und dazu paßt ein jenseitiger Helfer, nur er kann ihn durch das Todesmeer hindurch tragen. Der Tote erscheint nicht wie in Norwegen, Dänemark und anderswo als Mensch, er hat vielmehr Tiergestalt; auch das ist nicht vereinzelt; wenn er hier als Hase auftritt, so in manchen Versionen als Fuchs. Die Tiergestalt zeigt deutlich die Erlösungsbedürftigkeit auch des Helfers; in unserer Walliser Fassung bezeugt er sie, etwas allzu bieder, auch noch durch Worte: „Als Hase muß ich meine Schulden abbüßen, aber jetzt bin ich erlöst." Das Märchen vom dankbaren Toten ist ein Beispiel für die gegenseitige Erlösung, wie wir sie im Märchen häufig antreffen. Der Held bedarf des Helfers, aber der Helfer bedarf auch des Helden. Beide sind aufeinander angewiesen, keiner kann sich selbst erlösen. Nur wechselseitig können sie einander erlösen. Es ist gewiß nicht zu viel gesagt, wenn wir darin die menschliche Wirklichkeit sich spiegeln sehen.

In den meisten Varianten, so auch in der dänischen und der norwegischen, wird das Erlösungsthema im zweiten Teil noch akzentuiert. Denn während in e i n e r Gruppe der Erzählungen ähnlich wie im Oberwallis eine Prinzessin aus der Gefangenschaft bei Räubern oder Türken befreit werden muß, gilt es in einer andern Gruppe die Prinzessin von sich selber, von der Besessenheit durch einen schlimmen Dämon zu erlösen. Zu dieser Gruppe gehört Andersens dänischer „Reisekamerad" ebenso wie Asbjörnsens norwegischer „Kamerad". Bei beiden ist ein übles Jenseitswesen, ein Troll, der Geliebte der Prinzessin, sie ist mit ihm im Bunde und sucht ihn in der Nacht heimlich auf. Der tote Helfer des Helden entdeckt das Geheimnis, folgt der Prinzessin und schlägt schließlich dem Troll das Haupt ab; aber ehe der Held des Märchens die Prinzessin heiraten kann, muß sie von ihrer Trollhaut und damit von ihrer Bindung an den Dämon und ihrer Ablehnung des Helden befreit werden; neun Birkenruten werden auf ihrem Leib zerschlagen, dann wird die Unheilshaut in drei Bädern, einem von Molken, einem von Sauermilch, einem von Süßmilch vollends abgestreift, und schließlich ist die Prinzessin erlöst und wunderschön. Daß in diesen Zügen Reinigungsvorgänge dargestellt sind, daß psychische Realitäten sich bildhaften Ausdruck verschaffen, ist offenbar. In anderen Geschichten muß der tote Helfer die Prinzessin von den Schlangen befreien, die in ihrem Innern hausen — ein Beispiel dafür ist das russische Märchen vom Zarensohn Sila und „Iwaschka-Weißes Hemd", das wir in unserem ersten Kapitel herangezogen haben. Höchst eindrücklich ist die alttestamentliche Parallele. Das apokryphe Buch Tobit, um 150 vor Christus entstanden, erzählt, wie der fromme Tobit unter der assyrischen Tyrannei jüdische Stammesgenossen heimlich begräbt. Zum Dank dafür schickt Gott dem Sohne Tobits, er heißt Tobias, zwar nicht einen dieser Toten, aber den Engel Raphael in Menschengestalt als Reisebegleiter. Die Dinge haben sich also um eine Generation verschoben, und der Helfer ist nicht mehr der Tote, der die Wohltat empfangen hat. Das Märchen steht offensichtlich hinter der Tobiaserzählung, aber die biblische Geschichte hat es umgeformt. Statt eines unbekannten Toten steht eine festumrissene, der Hierarchie eines bestimmten Glaubenssystems entnommene Gestalt vor uns, der Erzengel Raphael — ähnlich wie in mittelalterlichen Erzählungen der heilige Nikolaus oder der heilige Joseph an die Stelle des dankbaren Toten treten. Auch hilft Tobit nicht irgendeinem fremden Toten, sondern seinen Stammesbrüdern, und Raphael erscheint ihm in der Gestalt eines Sippenverwandten. So ist alles in ein Volks- und

Familiengefüge eingebunden, während das Märchen seine Gestalten aus allen Bindungen loslöst und sie als reine Figuren vor unser Auge treten läßt — ein gut Teil der befreienden Wirkung des Volksmärchens geht von dieser Isolationstendenz aus. Aber wie gleichen manche Einzelzüge der biblischen Geschichte denen des Märchens! Wie in anderen Varianten des Märchens gibt sich auch hier der jenseitige Helfer am Ende zu erkennen. Als Tobit und Tobias ihn auslohnen wollen, offenbart sich Raphael:

Als du die Toten begrubst, war ... ich bei dir. Und als du dich nicht verdrießen ließest, aufzustehen und deine Mahlzeit zu verlassen, damit du hingingst und den Toten begrübst, war es nicht heimlich vor mir, daß du Gutes tatest, sondern ich war bei dir. Deswegen hat mich Gott gesandt, daß ich dich und deine Sohnesfrau ... heile. Ich bin Raphael, einer aus den sieben heiligen Engeln, welche die Gebete der Heiligen vor Gott bringen ... Da erschraken sie beide und fielen aufs Angesicht, denn sie fürchteten sich.

In dem religiösen Buch bricht hier das mysterium tremendum des Numinosen durch, der Schrecken des Göttlichen. Im Märchen kann das nicht sein, es widerspräche seinem sublimierenden Stil, nirgends umweht den toten Helfer der Schauer des Gespenstischen oder gar des Göttlichen. Aber motivisch hat die biblische Erzählung noch anderes mit dem Märchen gemeinsam. Auch Tobias wird ausgeschickt, Schulden einzutreiben. Auch bei ihm ist dies nur der Anlaß seines Auszugs, ihren Sinn findet seine Reise erst in der Werbung um die Tochter eines Verwandten. Und auch dieses Mädchen muß von einem Dämon erlöst werden. Sie selber freilich ist unschuldig, aber:

„*Es hat sie ein Teufel lieb, welcher niemanden beschädigt außer jenen, die zu ihr eingehen.*" „*Sie war sieben Männern gegeben worden, aber Asmodeus, der böse Teufel, hatte dieselben umgebracht, ehe sie mit ihr zu schaffen gehabt hatten.*" „*Da ward sie sehr traurig.*"

Und sie bittet Gott, sie vom Leben zu erlösen. Aber Gott schickt ihr Tobias, und der Engel Raphael verschafft diesem die Zaubermittel, den bösen Geist Asmodi zu vertreiben. Gebet und magische Praktiken überwinden den Teufel — das Gebet ist biblische Zugabe, der Nachdruck liegt auf den Zaubermitteln. Die Märchen vom toten Helfer sind in sich geschlossener und logischer als die alttestamentliche Erzählung. Sie haben sich offenbar in jahrhundertealter mündlicher Tradition erstaunlich gut erhalten, so daß die im 19. Jahrhundert aufgezeichneten Fassungen reinere Formen zeigen, als wir sie im Buche Tobiae finden; aber dieses ist ein Zeugnis dafür, daß unser Märchen vom toten Helfer schon Jahrhunderte vor Christus gelebt hat. Es lebt noch heute, denn in seinen geheimnisvollen Bildern spiegeln sich Gefahren und Heilsmöglichkeiten der menschlichen Seele.

Nachweis der Zitate:

Das norwegische Märchen „Der Kamerad" bei Klara Stroebe und Reidar Th. Christiansen, Norwegische Volksmärchen, Düsseldorf/Köln 1967 (MdW). Andersens „Reisekamerad" ist in den meisten Andersen-Ausgaben enthalten. Bei Grimm finden sich Aufzeichnungen von Märchen unseres Typs im Nachlaß (Bolte-Polívka Nr. 217, Bd. III, S. 490—517). Vgl. ATh 505—508. — Die Walliser Erzählung „Vom Pflasterbub zum Prinzen" bei Johannes Jegerlehner, Sagen und Märchen aus dem Oberwallis, Basel 1913. — Die Erzählung vom Dummling Bertuccio (hier nach der Übersetzung von Hanns Floerke, München 1920) steht in Giovan Francesco Straparola, Le piacevoli notti (Egötzliche Nächte), Bd. II, Venedig 1553; sie ist die zweite der elften Nacht; in ihr klingt noch die sogenannte Turnierfassung der Ritterromane des 13.—15. Jahrhunderts nach, in denen der dankbare Tote seinem Wohltäter zum Sieg im Turnier um die Hand einer Prinzessin verhilft. — Der Ausschnitt aus dem Buch Tobiae nach der Übersetzung des Johann Piscator, geschrieben 1602/04, von 1684—1824 amtliche Bibel Berns. — „Du kommst mir vor wie Saul, der Sohn Kis, der ausging, seines Vaters Eselinnen zu suchen, und ein Königreich fand." Diese zu Wilhelm Meister gesprochenen Worte (am Schluß der „Lehrjahre") sind von Robert Petsch auf den „epischen Menschen" überhaupt bezogen worden (Wesen und Formen der Erzählkunst, 2. Aufl. Halle 1942, S. 67); auf Helden und Heldinnen des Volksmärchens sind sie wie zugeschnitten.

Literatur:

Sven Liljeblad, Die Tobiasgeschichte und andere Märchen mit toten Helfern, Lund 1927. — Lutz Röhrich, Erzählungen des späten Mittelalters und ihr Weiterleben in Literatur und Volksdichtung bis zur Gegenwart, Bd. 2, Bern und München 1967, S. 156, 446.

KLUGES GRETEL, HANS IM GLÜCK
UND KLUGE ELSE

Die Brüder Grimm haben in ihre Märchensammlung eine Anzahl lustiger Schwänke eingestreut: „Das tapfere Schneiderlein", „Läuschen und Flöhchen", „Der gescheite Hans", „Die kluge Else", „Der Schneider im Himmel", „Der Frieder und das Katherlieschen", „Das Bürle", „Das Kluge Gretel", „Hans im Glück", „Die kluge Bauerntochter", „Der süße Brei" und noch viele andere. Schon die baren Titel verraten etwas von der Art dieser Schwänke: Es geht um Klugheit und um ihr Gegenteil, es geht ums Essen und ums Trinken (— und auch hier mitunter um deren Gegenteil). Geist und animalisches Behagen, das sind die Pole des Schwanks. Die kluge Bauerntochter und das kluge Gretel sind wirklich gescheit, schlau und einfallsreich, die „kluge" Else aber und das Katherlieschen und der „gescheite" Hans sind so einfältig, daß der Hörer oder Leser des Schwanks seine eigene Überlegenheit schmunzelnd genießt. Lustiges Spiel des Geistes und animalisches Behagen — in der Geschichte vom klugen Gretel sind beide aufs schönste vereint. Der Herr hat einen Gast geladen, und Gretel, die Köchin, richtet zwei Hühner zu.

Die Hühner fingen an braun und gar zu werden, aber der Gast war noch nicht gekommen. Da rief Gretel dem Herrn: „Kommt der Gast nicht, so muß ich die Hühner vom Feuer tun, ist aber Jammer und Schade, wenn sie nicht bald gegessen werden, wo sie am besten im Saft sind." Sprach der Herr: „So will ich nur selbst laufen und den Gast holen." Als der Herr den Rücken gekehrt hatte, legte Gretel den Spieß mit den Hühnern beiseite und dachte: „So lange da beim Feuer stehen, macht schwitzen und durstig, wer weiß, wann die kommen! Derweil spring ich in den Keller und tue einen Schluck." Lief hinab, setzte einen Krug an, sprach: „Gott gesegnes dir, Gretel", und tat einen guten Zug. „Der Wein hängt aneinander", sprachs weiter, „und ist nicht gut abbrechen" und tat noch einen ernsthaften Zug. Nun ging es und stellte die Hühner wieder übers Feuer, strich sie mit Butter und trieb den Spieß lustig herum. Weil aber der Braten so gut roch, dachte Gretel: „Es könnte etwas fehlen, versucht muß er werden!" schleckte mit dem Finger und sprach: „Ei, was sind die Hühner so gut! Ist ja Sünd und Schand, daß man sie nicht gleich ißt!" Lief zum Fenster, ob der Herr mit dem Gast noch nicht käm, aber es sah niemand: stellte sich wieder zu den Hühnern, dachte: „Der eine Flügel verbrennt, besser ists, ich eß ihn weg." Also schnitt es ihn ab und aß ihn auf, und er schmeckte ihm, und wie es damit fertig war, dachte es: „Der andere muß auch herab, sonst merkt der Herr, daß etwas fehlt."

Schon hier sind Geist und Freßfreude aufs schönste vereint. Mit vielen guten Zusprüchen ermuntert die Köchin sich selber; immer neue Gründe findet sie, sich noch einen Trunk und noch ein Stück Huhn zu gönnen; sie macht sich's nicht bequem, gibt ihren Gelüsten nicht so mir nichts dir nichts einfach nach, nein, sie läßt ihren Geist munter spielen, um mit bestem Gewissen zu dem Ihren zu kommen. Geist und Gaumenlust gehen ein holdes Bündnis ein, aber freilich, der Gaumen befiehlt, und der Geist läßt sich befehlen. Das hindert ihn nicht, im zweiten Teil der Geschichte sich prächtig zu entfalten.

Wie ... (Gretel) so im besten Essen war, kam der Herr dahergegangen und rief: „Eil dich, Gretel, der Gast kommt gleich nach." „Ja, Herr, wills schon zurichten", antwortete Gretel. Der Herr sah indessen, ob der Tisch wohl gedeckt war, nahm das große Messer, womit er die Hühner zerschneiden wollte, und wetzte es auf dem Gang. Indem kam der Gast, klopfte sittig und höflich an der Haustüre. Gretel lief und schaute, wer da war, und als es den Gast sah, hielt es den Finger an den Mund und sprach: „Still, still! Macht geschwind, daß Ihr wieder fortkommt, wenn Euch mein Herr erwischt, so seid Ihr unglücklich; er hat Euch zwar zum Nachtessen eingeladen, aber er hat nichts anders im Sinn, als Euch die beiden Ohren abzuschneiden. Hört nur, wie er das Messer dazu wetzt." Der Gast hörte das Wet-

zen und eilte, was er konnte, die Stiegen wieder hinab. Gretel war nicht faul, lief schreiend zu dem Herrn und rief: „Da habt Ihr einen schönen Gast eingeladen!" „Ei warum, Gretel? Was meinst du damit?" „Ja", sagte es, „der hat mir beide Hühner, die ich eben auftragen wollte, von der Schüssel genommen und ist damit fortgelaufen." „Das ist eine feine Weise!" sprach der Herr, und ward ihm leid um die schönen Hühner, „wenn er mir dann wenigstens das eine gelassen hätte, damit mir was zu essen geblieben wäre." Er rief ihm nach, er sollte bleiben, aber der Gast tat, als hörte er es nicht. Da lief er hinter ihm her, das Messer noch immer in der Hand, und schrie: „Nur eins! nur eins!" und meinte, der Gast sollte ihm nur ein Huhn lassen und nicht alle beide nehmen: der Gast aber meinte nicht anders, als er sollte eins von seinen Ohren hergeben, und lief, als wenn Feuer unter ihm brennte, damit er sie beide heimbrächte.

So macht Gretel den Herrn und den Gast zu Narren und kommt, nachdem es aufs beste geschmaust hat, ungeschoren davon. Wie es sich das leckere Mahl mit geistvollen Reden gewürzt hat, so wird ihm nun auch das Geschäft, sich vor der Strafe zu retten, zu einem intellektuellen Vergnügen. Der Geist regt und bewegt sich mit derselben vollendeten Mühelosigkeit und Siegesgewißheit wie die animalischen Gelüste. Daß Mühelosigkeit und Schwank zusammengehören, erweist sich auch darin, daß im Schwank die Dinge oft aus sich selber abrollen, jeder Schritt zieht den nächsten nach sich. Wenn der eine Flügel gegessen ist, will auch der andere verzehrt werden, und wenn das eine Huhn schon angeknabbert ist, sollte man es ganz aufessen, und schließlich: wo das eine Huhn hingekommen ist, da muß auch das andere hin, „die zwei gehören zusammen." Die Freude des Lesers oder Hörers an solcher Beweglichkeit des Geistes in wahrhaft falstaffischem Zusammenspiel mit einer unersättlichen Begehrlichkeit wiegt schwerer noch als eine andere Genugtuung, die der Schwank seinen Liebhabern bereitet, hier wie in vielen anderen Fällen: das Vergnügen, den Sieg des Unterlegenen über den Höhergestellten, des Schwachen über den Stärkeren mit ansehen zu dürfen. Die Köchin als sozial Tiefergestellte siegt über ihren vornehmen Herrn und dessen vornehmen Gast, und zugleich ist es ein Sieg der Frau über die Männer. Wie im Wettrennen zwischen Hase und Igel, wie in der Auseinandersetzung zwischen David und Goliath kommt der tiefer eingestufte Partner zum Erfolg. Es bereitet dem Menschen, der selber als Mangelwesen sich in der Welt durchzusetzen hat, ein inniges Vergnügen, den Schwachen über den Starken triumphieren zu sehen. Dazu gesellt sich für viele die Befriedigung des Sozialehrgeizes: der Untergebene erweist sich als überlegen. So ist der Schwank mannigfach gewürzt; daß er uns schmackhaft wird, hat mehr als einen Grund — wie bei der Dichtung überhaupt der reiche Zusammenklang von verschiedenen Elementen eine differenzierte und zugleich einheitliche Wirkung zeitigt. In der Grimmschen Fassung des Schwanks von der naschhaften Köchin, der in zahlreichen Varianten verbreitet ist, dominiert die Freude an der Wendigkeit des Intellekts; daß er sich in den Dienst der Lüsternheit stellt, spiegelt die Gesamtsituation: Auch hier triumphiert das Niedrige, das Hohe wird zum bloßen Helfershelfer. In der Welt des Schwanks setzen die animalischen Bedürfnisse sich durch. Entspannung, Behagen, verschmitztes Zudecken aller Gewissensvorhalte, das ist es, was der Schwank uns bringt. Er bringt Erleichterung, die hohen Ansprüche und schwierigen Forderungen werden außer Kraft gesetzt, und das läßt sich der Mensch gerne für eine Weile gefallen. Die Selbstbewegung des Stoffes, die bequeme Kettentechnik sind die solcher Lebenshaltung gemäße Erzähltechnik. Wir haben sie in der Geschichte vom klugen Gretel, wo ein Freßvorwand den andern zeugte, wo jeder Fehltritt mühelos aus dem vorhergehenden abgeleitet wurde, beobachten können. Noch viel stärker prägt sich solche Kettenform in anderen Schwänken aus, bei den Brüdern Grimm zum Beispiel im „Gescheiten Hans" und im „Hans im Glück".

„Hans im Glück" ist das beliebteste Schwankmärchen in der Grimmschen Sammlung, Ludwig Bechstein hat es nacherzählt, Chamisso in Verse gesetzt, der Inhalt ist allbekannt. Hans hat für sieben Jahre treuen Dienst einen großen Goldklumpen bekommen, den will er nun heim zur Mutter tragen. Aber unterwegs wird er ihm gar schwer, und er tauscht ihn gern gegen ein Pferd. Das Pferd wirft ihn ab, und Hans preist sich glücklich, daß ein Bauer gutmütig genug ist, ihm eine Kuh dafür zu geben, die gibt schöne Milch, Käse und Butter. Aber Hans stellt sich beim Melken so ungeschickt an, daß die Kuh ihm einen Tritt gibt, Hören und Sehen vergehen ihm. Zum Glück kann er ein Schwein einhandeln für die Kuh. Als einer ihm einredet, das Schwein sei gestohlen worden, und er werde statt in Mutters Küche in des Teufels Küche landen, gibt er es gern für eine Gans hin, und auch diese wird er wieder los.

Als er durch das letzte Dorf gekommen war, stand da ein Scherenschleifer mit seinem Karren, sein Rad schnurrte, und er sang dazu:

> *„Ich schleife die Schere und drehe geschwind*
> *und hänge mein Mäntelchen nach dem Wind."*

Hans blieb stehen und sah ihm zu; endlich redete er ihn an und sprach: „Euch gehts wohl, weil Ihr so lustig bei Eurem Schleifen seid." „Ja", antwortete der Scherenschleifer, „das Handwerk hat einen güldenen Boden. Ein rechter Schleifer ist ein Mann, der, sooft er in die Tasche greift, auch Geld darin findet. Aber wo habt Ihr die schöne Gans gekauft?" „Die hab ich nicht gekauft, sondern für mein Schwein eingetauscht." „Und das Schwein?" „Das hab ich für eine Kuh gekriegt." „Und die Kuh?" „Die hab ich für ein Pferd bekommen." „Und das Pferd?" „Dafür hab ich einen Klumpen Gold, so groß als mein Kopf, gegeben." „Und das Gold?" „Ei, das war mein Lohn für sieben Jahre Dienst." „Ihr habt euch jederzeit zu helfen gewußt", sprach der Schleifer, „könnt Ihrs nun dahin bringen, daß Ihr das Geld in der Tasche springen hört, wenn Ihr aufsteht, so habt Ihr Euer Glück gemacht." „Wie soll ich das anfangen?" sprach Hans. „Ihr müßt ein Schleifer werden wie ich; dazu gehört eigentlich nichts als ein Wetzstein, das andere findet sich schon von selbst. Da hab ich einen, der ist zwar ein wenig schadhaft, dafür sollt Ihr mir aber auch weiter nichts als Eure Gans geben; wollt Ihr das?" „Wie könnt Ihr noch fragen", antwortete Hans, „ich werde ja zum glücklichsten Menschen auf Erden; habe ich Geld, sooft ich in die Tasche greife, was brauche ich da länger zu sorgen?" reichte ihm die Gans hin und nahm den Wetzstein in Empfang.

Eine solche Freude also hat der Erzähler des Schwanks an der Kette, daß er sie, im Gespräch des guten Hans mit dem pfiffigen Scherenschleifer, sich noch einmal, diesmal nach rückwärts, abrollen läßt. Wieder spielt die Freude am Essen und Trinken, am angenehmen Leben überhaupt, eine wichtige Rolle. Hans malt sich nicht nur aus, was für Herrlichkeiten von der Kuh kommen, beim Schwein wässert ihm der Mund nach Braten, Schinken, Speck und Fetzenwürstel, und bei der Gans denkt er nicht nur an den feinen fetten Braten und daß es Gänsefettbrot auf ein Vierteljahr gibt, sondern auch an die Daunen für das Bett. „Ei, wie wirst darauf du schlafen!" heißt es bei Chamisso, und „Was wird meine Mutter eine Freude haben!" bei Grimm. Es geht alles schön in der gleichen Richtung: Reiten statt beschwerliches Gehen, gutes Essen und Trinken und weich schlafen! Und als Hans am Ende statt der Gans zwei Steine bekommt und sie ihn zu drücken beginnen:

Da konnte er sich des Gedankens nicht erwehren, wie gut es wäre, wenn er sie gerade jetzt nicht zu tragen brauchte. Wie eine Schnecke kam er zu einem Feldbrunnen geschlichen, wollte da ruhen und sich mit einem frischen Trunk laben: damit er aber die Steine im Niedersitzen nicht beschädigte, legte er sie bedächtig neben sich auf den Rand des Brunnens. Darauf setzte er sich nieder und wollte sich zum Trinken bücken, da versah ers, stieß ein klein wenig an, und beide Steine plumpten hinab. Hans, als er sie mit seinen Augen in die Tiefe hatte versinken sehen, sprang vor Freuden auf, kniete dann nieder und dankte Gott mit Tränen in den Augen, daß er ihm auch diese Gnade noch erwiesen und ihn auf eine so gute Art, und ohne daß er sich einen Vorwurf zu machen brauchte, von den schweren Steinen befreit hätte, die ihm allein noch hinderlich gewesen wären. „So glücklich wie ich", rief er aus, „gibt es keinen Menschen unter der Sonne." Mit leichtem Herzen und frei von aller Last sprang er nun fort, bis er daheim bei seiner Mutter war.

Der Schwank ist ein guter Psychologe. Lange vor der Psychoanalyse weiß er, daß Fehlleistungen unbewußter Absicht entspringen können. Hans fühlt sich verpflichtet, sich mit den Steinen zu schleppen; aber er legt sie so bedachtsam auf den

Brunnenrand, daß sie, als er sie unvermerkt anstößt, in den
tiefen Brunnen fallen.

> Plump! sie liegen in dem Grund,
> Und er lacht den Bauch sich rund.
> Auch d e r Wunsch ist eingetroffen,
> Hans im Glücke!

Jetzt also fühlt sich Hans völlig unbeschwert und freut sich auf
die Rückkehr zur Mutter: bei ihr wird er es gut haben. Rückkehr, Rückschritt, R e g r e s s i o n. In mehr als einem Sinne mu-
tet der Schwank von Hans im Glück wie ein Antimärchen an.
Das Märchen schickt seine Helden in die Welt hinaus, Hans im
Glück aber sehen wir auf dem Weg zurück. Das Märchen zeigt
den Auszug des jungen Menschen, seine Entwicklung, Reifung,
es stellt ihm schwierige Aufgaben und läßt ihn wirksame Helfer
finden. Auch Hans findet Helfer, aber sie hauen ihn übers Ohr,
und statt immer größere Kostbarkeiten zu erwerben, verliert er
Schritt für Schritt, was er erworben hat. Hans trifft auf keine
wichtigen Aufgaben, nur Unannehmlichkeiten belästigen ihn,
und er weicht jedesmal aus, wählt immer wieder den leichtesten
Ausweg. Nicht aus Gutherzigkeit gibt er seinen Besitz hin, nicht
um jemandem zu helfen, nicht aus christlicher Gesinnung,
sondern nur um es leichter und schöner zu haben. Und nicht
aus Einsicht preist er sich glücklich, sondern aus Verblendung.
Sein Ziel liegt nicht vor ihm, wie das des Märchenhelden, der
eine Königstochter erlösen oder ein Königtum gewinnen will,
sondern hinter ihm, er strebt zurück in die Hut der Mutter.
Wenn ein Psychiater von einem seiner Patienten hört, „Hans
im Glück" sei sein liebstes Märchen, so ist er nicht unbedingt
erfreut darüber. Denn es kann ein Zeichen tiefwurzelnder
Lebensuntüchtigkeit sein. Wer sich mit Hans im Glück identi-
fiziert, der sehnt sich zurück in die Sorgenlosigkeit des kindlichen Daseins, der neigt dazu, den Schwierigkeiten des Lebens
auszuweichen, sich zu verwöhnen, sich Illusionen zu machen;
wenn der Märchenheld in wirklichen Kontakt mit den ihm
Begegnenden tritt, so ist es bei Hans im Glück in allen Fällen
ein Scheinkontakt. Hans findet den Zugang zur Welt nicht.
Und doch lesen wir seine Geschichte mit Heiterkeit. Nicht nur,
weil wir unsere eigene Überlegenheit auskosten und Hans im

Glück belächeln können. Wir lachen ihn nicht nur aus, wir freuen uns auch mit ihm. Der Schwank hat eine kompensatorische Funktion. Eines dürfen wir bewundern an Hans im Glück: seine Kunst, die Dinge leicht zu nehmen. Entkrampfung, Entspannung, Fahrenlassenkönnen. Für einmal das Leichte wählen und nicht das Schwere, die Entlastung und nicht die hohe Aufgabe, das gehört zum Rhythmus des Lebens. Wenn uns die Zaubermärchen ernste Auseinandersetzung mit Gefahren und Aufgaben, frisches Streben nach hohen Zielen und Werten darstellen, so haben die Brüder Grimm wie zur Entspannung eine Anzahl von Schwänken unter diese Geschichten gemischt. Wenn Gretel an nichts anderes denkt als ans Schmausen, so weiß der Leser oder Hörer des Schwanks wohl, daß dies nicht der Sinn des Lebens sein kann. Und doch genießt er den Schwank, weil das Jasagenkönnen zu den Herrlichkeiten des Essens und Trinkens auch zu unserem Leben gehört. Kein gesunder Mensch wird im Ernst wünschen, ganz so zu sein wie Hans im Glück. Aber etwas von dessen Kunst, sich zufrieden zu geben, sich abzufinden, Unbequemes abzuschütteln, tut jedem not. Wenn das eigentliche Märchen in seiner sublimierenden Art ein volles Bild des Daseins zeichnet, so gibt der Schwank nur einen Teil des Ganzen. In jedem von uns steckt ein Stückchen kluges Gretel und ein Stückchen Hans im Glück, und es liegt an uns, dieser Seite des Daseins ihr Recht zu geben, ohne sie zur Mitte des Lebens zu machen.

Unter den vielen Versionen der Geschichte vom fröhlichen Tausch gibt es welche, in denen der Held am Ende nicht wie Hans im Glück mit leeren Händen dasteht, sondern unversehens wieder nach oben geschwemmt wird. Hans Christian Andersen hat eine solche Geschichte gekannt und hübsch nacherzählt. Bei ihm fängt die Reihe beim Pferd an und hört bei faulen Äpfeln auf, und auch hier wird der ganze Kettentausch am Schluß in umgekehrter Folge rekapituliert. Zwei reiche Engländer, die den Bauern in der Schenke von seinen Tauschgeschäften erzählen hören, prophezeien ihm, er werde übel empfangen werden von seiner Frau; er aber erwidert, Küsse werde er kriegen und nicht Knüffe. Die Engländer setzen einen Scheffel Goldmünzen dagegen und begleiten den Bauern nach Hause.

Der Wagen des Schenkwirts fuhr vor, die Engländer stiegen auf, der Bauer stieg auf, die faulen Äpfel kamen hinauf, und dann kamen sie zu des Bauern Haus.
"Guten Abend, Mutter!" "Danke, Vater!" "Jetzt habe ich den Tausch gemacht!" "Ja, du verstehst es!" sagte die Frau, umarmte ihn und vergaß ganz den Sack und die Fremden.
"Ich habe das Pferd für eine Kuh umgetauscht!"
"Gott sei Dank für die Milch!" sagte die Frau, "jetzt können wir Milchspeisen, Butter und Käse auf den Tisch bekommen. Das war ein herrlicher Tausch!"
"Ja, aber die Kuh habe ich wieder gegen ein Schaf umgetauscht."
"Das ist bestimmt auch besser!" sagte die Frau, "du bist immer so bedachtsam; für ein Schaf haben wir just vollauf an Gras. Jetzt können wir Schafmilch bekommen und Schafkäse und wollene Strümpfe, ja, und wollene Nachtjacken! Die gibt die Kuh nicht! Sie verliert die Haare! Du bist ein überaus bedachtsamer Mann!"
"Aber das Schaf habe ich gegen eine Gans umgetauscht!"
"Sollen wir wirklich dies Jahr eine Martinigans haben, Väterchen! Du denkst immer daran, mich zu erfreuen! Das ist ein netter Gedanke von dir! Die Gans kann im Gatter stehen und bis zu Martini noch fetter werden!"
"Aber die Gans habe ich gegen ein Huhn umgetauscht!" sagte der Mann. "Huhn! das war ein guter Tausch", sagte die Frau, "das Huhn legt Eier, es brütet sie aus, wir kriegen Küchlein, wir kriegen einen Hühnerhof! Das habe ich mir just so innig gewünscht!"
"Ja, aber das Huhn tauschte ich um gegen einen Sack faule Äpfel!" "Jetzt muß ich dich küssen!" sagte die Frau. "Hab Dank, mein lieber Mann! Jetzt werde ich dir etwas erzählen. Als du fort warst, dachte ich daran, dir eine gute Mahlzeit zu machen: Eierkuchen mit Schnittlauch. Die Eier hatte ich, der Lauch fehlte mir. Da ging ich hinüber zu Schulmeisters; dort haben sie Schnittlauch, das weiß ich, aber die Frau ist geizig, die süße Person! Ich bat sie, mir etwas zu leihen —! ,Leihen', sagte sie. ,Nichts wächst in unserem Garten, nicht einmal ein fauler Apfel! Nichts, was ich Ihr leihen kann!' Jetzt kann ich ihr

zehn leihen, ja, einen ganzen Sack voll! das wird ein Spaß, Vater!" Und dann küßte sie ihn mitten auf den Mund.
„Das gefällt mir!" sagten die Engländer. „Immer bergab und immer gleich fröhlich! Das ist das Geld wohl wert!" Und dann bezahlten sie ein Schiffspfund Goldstücke an den Bauern, der Küsse bekam und nicht Knüffe.
Ja, es lohnt sich immer, wenn die Frau einsieht und erklärt, daß der Vater der Klügste, und was er macht, das Richtige ist.

Daß die faulen Äpfel gerade genau passen, klingt wie eine Parodie auf das eigentliche Märchen, wo der Held auch immer gerade das bekommt, was er nötig hat. Alles ist hier ins Groteske hinein überspitzt. Hübsch, daß die Engländer fröhlich ihr Geld fahren lassen, sie sind angesteckt von der Haltung des Schwankhelden, und sie nehmen, wie wir es auch für den Hörer der Geschichte wünschen, ein kleines Stückchen „Hans im Glück" in sich auf: „Immer bergab und immer gleich fröhlich! Das ist das Geld wohl wert!"
Düsterer ist der Schwank von der klugen Else. Schon der erste Teil stimmt nachdenklich. Es kommt einer, der will die Else heiraten, aber nur wenn sie recht gescheit ist.

„O", sprach der Vater, „die hat Zwirn im Kopf", und die Mutter sagte: „Ach, die sieht den Wind auf der Gasse laufen und hört die Fliegen husten." ... Als sie nun zu Tisch saßen und gegessen hatten, sprach die Mutter: „Else, geh in den Keller und hol Bier." Da nahm die kluge Else den Krug von der Wand, ging in den Keller und klappte unterwegs brav mit dem Deckel, damit ihr die Zeit ja nicht zu lang würde. Als sie unten war, holte sie ein Stühlchen und stellte es vors Faß, damit sie sich nicht zu bücken brauchte und ihrem Rücken etwa nicht wehe täte und unverhofften Schaden nähme. Dann stellte sie die Kanne vor sich und drehte den Hahn auf, und während der Zeit, daß das Bier hineinlief, wollte sie doch ihre Augen nicht müßig lassen, sah oben an die Wand hinauf und erblickte nach vielem Hin- und Herschauen eine Kreuzhacke gerade über sich, welche die Maurer da aus Versehen hatten stecken lassen. Da fing die kluge Else an zu weinen und sprach: „Wenn ich den Hans kriege, und wir kriegen ein Kind, und das ist groß, und wir

schicken das Kind in den Keller, daß es hier soll Bier zapfen, so fällt ihm die Kreuzhacke auf den Kopf und schlägts tot." Da saß sie und weinte und schrie aus Leibeskräften über das bevorstehende Unglück. Die oben warteten auf den Trank, aber die kluge Else kam immer nicht. Da sprach die Frau zur Magd: „Geh doch hinunter in den Keller und sieh, wo die Else bleibt." Die Magd ging und fand sie vor dem Fasse sitzend und laut schreiend. „Else, was weinst du", fragte die Magd. „Ach", antwortete sie, „soll ich nicht weinen? Wenn ich den Hans kriege, und wir kriegen ein Kind, und das ist groß und soll hier Trinken zapfen, so fällt ihm vielleicht die Kreuzhacke auf den Kopf und schlägt es tot." Da sprach die Magd: „Was haben wir für eine kluge Else!" setzte sich zu ihr und fing auch an über das Unglück zu weinen.

Da die Magd nicht wieder auftaucht, schickt man den Knecht hinunter, und das gleiche Spiel wiederholt sich. Nun geht, wieder nach der bewährten Kettentechnik, die Mutter hinab in den Keller und dann der Vater, und alle setzen sich hin und beginnen über das künftige Unglück zu weinen. Schließlich geht der Freier selber in den Keller. Als man ihm alles erklärt, nimmt er Else an der Hand und führt sie heim zur Hochzeit, während in anderen Fassungen dieses verbreiteten Schwanks der Bräutigam sich aus dem Staube macht und erklärt, er wolle nur zurückkehren, wenn er noch dümmere Menschen finde, was dann freilich meist zutrifft. In aller Welt macht man sich lustig über Leute, die sich unnütze Sorgen machen um kommendes Unheil. Johann Peter Hebel erzählt von einem „einfältigen Menschen in Mailand":

Der sagte einmal bei einer Gelegenheit, als von Kinderzucht die Rede war: „Es ist ein Glück für meine Kinder, daß ich keine habe. Ich könnte so zornig werden, daß ich sie alle totschlüge."

Eine arabische Geschichte aus dem Kreis der Tausendundein Nächte erzählt von zwei klugen und gerechten Brüdern, die als Wesire das Reich so trefflich verwalten, daß der König ruhig sich der Jagd und anderen Vergnügungen widmen konnte.

Die zwei Wesire waren aber Junggesellen und waren weder mit Mädchen aus guten Familien vermählt, noch hatten sie Sklavinnen und Kebsweiber, und ihre Seelen sehnten sich nicht nach Weibern. Und so oft sie der König zum Heiraten zu bewegen suchte, wehrten sie sich gegen ein Ehebündnis, weil es eben so vorbestimmt war. (Aber) eines Tages ..., (als sie) allein waren ..., sagten sie (zueinander): „Wenn wir uns gleich und Brüder sind, bei Gott, so ziemt es uns nicht, daß wir uns vermählen, außer es wäre mit zwei Mädchen, leiblichen Schwestern, mit denselben Ansichten, die sich gegenseitig lieben, die sich in der Liebe ebenso benehmen werden, wie wir uns benehmen, und zwischen denen kein Mißverständnis bestünde." Da sagte der eine von ihnen zu seinem Bruder: „Lieber Bruder, wir werden zwei Schwestern heiraten. Und deine Gemahlin bringt ein Mädchen und meine Gemahlin einen Knaben zur Welt. Und wenn sie groß werden, nehme ich deine Tochter für meinen Sohn." Da richtete sich sein Bruder auf und sprach: „Wieso? Du nimmst meine Tochter für deinen Sohn? Und was wirst du denn geben, um mich für meine Tochter zufriedenzustellen? Bei Gott, du wirst meine Tochter nicht nehmen, und dein Sohn wird sie niemals erblicken." Da stand auch sein Bruder auf und sagte: „Bei Gott, ich nehme deine Tochter für meinen Sohn gegen deinen Willen." So kam es zwischen ihnen zum heftigen Streit. Das hörten die Höflinge und Würdenträger, liefen bei ihnen zusammen, nachdem die Wesire in einen so heftigen Streit geraten waren, daß sie gegeneinander die Waffe gezückt hatten. Da stellten sich die Leute zwischen sie, rissen sie auseinander, und jeder der Anwesenden wunderte sich.

Von da an sind und bleiben die Brüder trotz all ihrer Klugheit unversöhnliche Gegner. Die Weisen sind zu Toren geworden. Als ein fremder König ihre Geschichte vernimmt, wundert er sich und bricht in so ungestümes Lachen aus, daß er auf den Rücken fällt:

„Bei Gott, diese Geschichte vom geringen Verstande der beiden Wesire sollte niedergeschrieben und verzeichnet werden, die kein Interesse für Weiber hatten, nicht verheiratet waren und *nur im Gespräch heirateten, ihre Gemahlinnen empfingen und gebaren, die Kinder wurden groß, und sie vermählten sie miteinander ... Wozu denn die ganze Feindschaft?"*

Die arabische Erzählung möchte zeigen, daß, wenn die Vorbestimmung es will, ein Weiser nicht nur durch die Leidenschaft für eine schöne Frau zum Toren werden kann, sondern auch schon durch das reine Spiel seines eigenen Geistes. Weisheit schlägt in Torheit um, wenn eine Teilkraft des Menschen sich zur Tyrannin über das Ganze aufwirft. Daß der Mensch sich Gedanken macht über das Kommende, daß er plant und vorsorgt, gehört zu seinen besten Tugenden, und der Kluge sorgt intensiver und umsichtiger vor als der Törichte. Insofern ist die kluge Else wirklich klug, und die Bewunderung, die ihre Familie ihr zollt, nicht ganz fehl am Platz. Aber wie bei der klugen Gretel die Naschhaftigkeit Gewalt gewinnt über ihr ganzes Sein und sich ihren schönen Verstand dienstbar macht, so läßt auch die kluge Else ihre vorsorgliche Phantasie derart wuchern, daß sie alles zu überwuchern droht. Es gehört zu den Eigentümlichkeiten des Schwanks, daß er gerne eine Tugend oder ein Laster, eine Kraft oder Neigung des Menschen, die, sofern sie nicht mehr als ihr Recht fordern, wünschenswert oder wenigstens harmlos sind, so auf die Spitze treibt, daß Sinn in Unsinn umschlägt. Die Fähigkeit, Zukunft zu entwerfen, macht den Menschen erst zum Menschen, und schon in diesem Teil der Erzählung spüren wir, bei aller Groteske, einen tragischen Hauch: Elses beste Kraft verkehrt sich, weil sie kein Maß kennt, in lächerliche Lähmung.
Und nun gar der zweite Teil des Grimmschen Schwanks! Ihr arbeitsamer Mann schickt die kluge Else aufs Feld, sie soll dort Korn schneiden. Da kocht sie sich erst einen guten Brei und nimmt den mit sich.

Als sie vor den Acker kam, sprach sie zu sich selbst: „Was tu ich? Schneid ich ehr, oder eß ich ehr? Hei, ich will erst essen." Nun aß sie ihren Topf mit Brei aus, und als sie dick satt war, sprach sie wieder: „Was tu ich? Schneid ich ehr, oder schlaf ich ehr? Hei, ich will erst schlafen." Da legte sie sich ins Korn und schlief ein. Der Hans war längst zu Haus, aber die Else wollte nicht kommen, da sprach er: "Was hab ich für eine kluge Else, die ist so fleißig, daß sie nicht einmal nach Haus kommt und ißt." Als sie aber noch immer ausblieb und es Abend ward, ging der Hans hinaus und wollte sehen, was sie geschnitten hätte; aber es war nichts geschnitten, sondern sie lag im Korn und schlief. Da eilte Hans geschwind heim und holte ein Vogelgarn mit kleinen Schellen und hängte es um sie herum; und sie schlief noch immer fort. Dann lief er heim, schloß die Haustüre zu und setzte sich auf seinen Stuhl und arbeitete. Endlich, als es schon ganz dunkel war, erwachte die kluge Else, und als sie aufstand, rappelte es um sie herum, und die Schellen klingelten bei jedem Schritte, den sie tat. Da erschrak sie, ward irre, ob sie auch wirklich die kluge Else wäre, und sprach: "Bin ichs, oder bin ichs nicht?" Sie wußte aber nicht, was sie darauf antworten sollte, und stand eine Zeitlang zweifelhaft; endlich dachte sie: "Ich will nach Haus gehen und fragen, ob ichs bin oder ob ichs nicht bin, die werdens ja wissen." Sie lief vor ihre Haustüre, aber die war verschlossen; da klopfte sie an das Fenster und rief: "Hans, ist die Else drinnen?" "Ja", antwortete der Hans, "sie ist drinnen." Da erschrak sie und sprach: "Ach Gott, dann bin ichs nicht" und ging vor eine andere Tür; als aber die Leute das Klingeln der Schellen hörten, wollten sie nicht aufmachen, und sie konnte nirgend unterkommen. Da lief sie fort zum Dorfe hinaus, und niemand hat sie wiedergesehen.

Auch dieser Schwank also erzählt von der Sympathie des Menschen für gutes Essen und süßen Schlaf, eine Sympathie, die uns lächeln macht und die wir gewiß nicht ganz mißbilligen, die sich aber, jedes Maß verlierend, überschlägt. „Es war einmal eine Frau, die hieß Kathrin und war faul wie ein Klumpen Blei" heißt es in einer Siebenbürgischen Parallele. Ihr schneidet der Mann den Zopf ab, und auch sie fragt sich nun: „Bin ich es oder bin ich es nicht?", und als ihre Kinder ihr sagen, die Mutter sei schon zu Hause, da ist sie überzeugt, daß sie es also nicht ist.

„Ich will aber gehen und mich suchen . . ." So ging sie nun in die weite Welt, um sich zu suchen, und geht bis heute noch und kann sich nimmer finden.

Es ist der in der Hochliteratur unserer Tage so oft dargestellte Verlust des Identitätsgefühls, der in diese und in recht viele andere Schwänke hineinspielt. Ein betrunkener Fuhrmann schläft ein auf dem Bocke seines Wagens. Da spannt ihm einer seine Pferde aus. Als er erwacht, reibt er sich die Augen und fragt sich in seinem Schwäbisch: „Ben i's oder ben i's net?" Und antwortet: „Ben i's, han se mer mei Gäule gstohle — ben i's net, no han i a Wägele gfonde." Hier wird das Motiv ins Heitere gelenkt. Aber bei der klugen Else und der faulen Kathrin verlieren beide die Selbstgewißheit, ihre Persönlichkeit zerfällt. Gerade sie, die so wacker aßen und schliefen, die sich ganz ihren leiblichen Bedürfnissen anvertrauten, verlieren nun sich selber und verlieren damit alles. Mit seinen Figuren freut sich der Schwank eine Zeitlang, wenn sie sich gehenlassen, gut essen und trinken und schön faulenzen, aber er weiß auch, daß es des Menschen nicht würdig ist, in diesem animalischen Bereich aufzugehen. Wenn er Hans im Glück schließlich heimkehren und, in der durch Andersen vertretenen schalkhaften Fassung, sogar wohl empfangen werden läßt — bei Else und Kathrin vollzieht die Erzählung eine harte Schwenkung. Nicht jeder empfindet sie, denn auch sie noch ist im humorvollen Stile des Schwanks gehalten. Aber mehr noch als der erste Teil, und stärker als die parallele Episode in der Geschichte vom Frieder und dem Katherlieschen, ist der zweite Teil der „Klugen Else" der Schicht des Tragischen nahe. Wie ausgelassen und fröhlich der Schwank sich auch zu geben liebt, er stellt auf seine Weise die Frage nach dem Wesen des Menschen; nicht selten entläßt er seine Hörer in recht nachdenklicher Stimmung.

Nachweis der Zitate:

„Das kluge Gretel" KHM 77, ATh 1741. — „Hans im Glück" KHM 83, ATh 1415; Hans Christian Andersens Geschichte trägt den Titel „Was Vater tut, ist immer recht." — „Die kluge Else" KHM 34, ATh 1450 (vgl. 1383, 1384); Johann Peter Hebels Erzählung „Einfältiger Mensch in Mailand" steht im Schatzkästlein des Rheinischen Hausfreundes (Nr. 63); „Die Geschichte von den zwei Wesiren" bei Felix Tauer, Erzählungen aus den Tausendundein Nächten (aus der Wortley Montague-Handschrift), Frankfurt a. M. 1966; „Die faule Kathrin" bei Josef Haltrich, Deutsche Volksmärchen aus dem

Sachsenlande in Siebenbürgen, Jubiläumsausgabe München 1956; die Geschichte von dem schwäbischen Fuhrmann bei Hermann Bausinger, Schwank und Witz, in: Studium Generale 11, 1958, S. 709.

Literatur:

Die oben S. 55 genannten Grundwerke der Märchenforschung befassen sich, da in den KHM viele Schwänke enthalten sind, auch mit dem Schwank. — Neuere Forschungen und Betrachtungen zum Schwank: Siegfried Neumann, Der mecklenburgische Volksschwank, Berlin 1964. Hermann Bausinger, Bemerkungen zum Schwank und seinen Formtypen, in: Fabula 1967, S. 118—136. Hanns Fischer, Studien zur deutschen Märendichtung, Tübingen 1968. Je einen Abschnitt über den Schwank enthalten die Bücher von Leopold Schmidt, Die Volkserzählung, Berlin 1963, und Hermann Bausinger, Formen der „Volkspoesie", Berlin 1968. Eingehende Kommentare zu einer Reihe von Schwänken gibt Lutz Röhrich, Erzählungen des späten Mittelalters und ihr Weiterleben in Literatur und Volksdichtung bis zur Gegenwart, 2 Bde, Bern und München 1962, 1967; von jedem Schwank sind zahlreiche Varianten abgedruckt; der Typ „Die naschhafte Köchin", zu dem „Das kluge Gretel" gehört, ist im ersten Band behandelt. — Erich Strassner, Schwank, Stuttgart 1968 (Sammlung Metzler 77). — Eine Parallele zu den zwei streitenden Wesiren bei Katherine Briggs / Ruth Michaelis, Englische Volksmärchen, Düsseldorf/Köln 1970 (MdW), S. 165.

VON DER FALSCHEN UND DER RECHTEN BRAUT

VOM TIERKIND UND VOM TIERGEMAHL

Wer die große Zahl der Volksmärchen, welche seit den Tagen der Brüder Grimm gesammelt und aufgezeichnet worden sind, überschaut, dem kann es nicht entgehen, daß in den verschiedensten Tonarten und Spielformen ein Thema immer und immer wieder erklingt: Es ist das des Auseinanderklaffens von Schein und Sein. Das verachtete Aschenputtel in seinen schmutzigen Kleidern ist in Wirklichkeit das schönste und beste Mädchen, zu königlichem Dasein bestimmt. Der Gehilfe des Gärtners ist ein heimlicher Prinz, unter seinem Grindkopf — er hat sich eine Tierhaut übergestülpt — ist goldenes Haar verborgen. Der jüngste Sohn, der vermeintliche Dummling, erweist sich seinen älteren Brüdern gegenüber als weit überlegen. Er ist es, der in ferne Reiche vordringt und für seinen kranken Vater das Lebenswasser holt, er ist es, der die scheinbar unlösbaren Aufgaben bewältigt und die Prinzessin im Versteck- oder Rätselwettkampf überwindet. Auch ein Faulpelz kann sich unversehens als der Begnadete erweisen und über alle emporgehoben werden. Besonders eindrückliche und beharrlich wiederkehrende Bilder des Zwiespalts zwischen Schein und Sein sind die von der falschen und der rechten Braut, vom Tierkind und vom Tiergemahl. „Ich bin die rechte Braut nicht", diese Worte aus dem Märchen von der Jungfrau Maleen können als Motto für ungezählte Märchengeschichten gelten. Aber die rechte Braut oder der rechte Bräutigam werden schließlich doch gefunden oder wiedergefunden, und die Betrüger müssen abtreten. Im Drachentötermärchen kehrt der echte Befreier gerade im richtigen Augenblick zurück, um den bösen Minister, Oberst oder Köhler, der sich für den Überwinder des Drachen ausgibt, zu entlarven und beim Hochzeitsfest, das schon im Gange ist, an seine Stelle zu treten. Schwermütiger, weniger spielerisch ist die Geschichte von der **Gänsemagd**, in der Grimmschen Sammlung das eindrücklichste Beispiel für das Motiv der falschen Braut.

Eine schöne Königstochter reist weit über Feld zu dem fernen Prinzen, dem sie versprochen worden ist. Die zauberkundige Mutter gibt ihr das sprechende Pferd Falada mit und drei Blutstropfen, die soll sie wohl verwahren. Allein die schöne Prinzessin verliert unterwegs das Tüchlein mit den kostbaren Blutstropfen, da gewinnt ihre üble Kammerfrau Gewalt über sie, sie tauscht die Kleider mit ihr, besteigt das Pferd Falada und läßt die arme Königstochter einen heiligen Eid schwören, nichts davon zu verraten. So setzt sich die falsche Braut an die Stelle der rechten und wird dem fremden Königssohn vermählt. Damit das sprechende Pferd nichts verraten könne, wird es getötet, die echte Prinzessin aber muß dem Gänsehirten Kürdchen als Gehilfin dienen. Das Haupt des getöteten Falada nagelt der Schinderknecht auf die Bitte der Gänsemagd unter den Bogen des finsteren Stadttors. Und nun folgen die berühmten Wiesen- oder Heideszenen, von denen Heinrich Heines Verse künden:

> Wie pochte mein Herz, wenn die alte Frau
> Von der Königstochter erzählte,
> Die einsam auf der Heide saß
> Und die goldenen Haare strählte ...

Des Morgens früh, da sie und Kürdchen unterm Tor hinaustrieben, sprach sie im Vorbeigehen:

> *„O du Falada, da du hangest",*

da antwortete der Kopf:

> *„O du Jungfer Königin, da du gangest,*
> *wenn das deine Mutter wüßte,*
> *ihr Herz tät ihr zerspringen."*

Da zog sie still weiter zur Stadt hinaus, und sie trieben die Gänse aufs Feld. Und wenn sie auf der Wiese angekommen war, saß sie nieder und machte ihre Haare auf, die waren eitel

Gold, und Kürdchen sah sie und freute sich, wie sie glänzten, und wollte ihr ein paar ausraufen. Da sprach sie:

> „Weh, weh, Windchen,
> nimm Kürdchen sein Hütchen,
> und laß'n sich mit jagen,
> bis ich mich geflochten und geschnatzt
> und wieder aufgesatzt."

Und da kam ein so starker Wind, daß er dem Kürdchen sein Hütchen wegwehte über alle Land, und es mußte ihm nachlaufen. Bis es wiederkam, war sie mit dem Kämmen und Aufsetzen fertig, und er konnte keine Haare kriegen. Da war das Kürdchen bös und sprach nicht mit ihr; und so hüteten sie die Gänse, bis daß es Abend ward, dann gingen sie nach Haus.

Den andern Morgen, wie sie unter dem finstern Tor hinaustrieben, sprach die Jungfrau:

> „O du Falada, da du hangest",

Falada antwortete:

> „O du Jungfrau Königin, da du gangest,
> wenn das deine Mutter wüßte,
> das Herz tät ihr zerspringen."

Und in dem Feld setzte sie sich wieder auf die Wiese und fing an ihr Haar auszukämmen, und Kürdchen lief und wollte danach greifen, da sprach sie schnell:

> „Weh, weh, Windchen,
> nimm Kürdchen sein Hütchen,
> und laß'n sich mit jagen,
> bis ich mich geflochten und geschnatzt
> und wieder aufgesatzt."

Da wehte der Wind und wehte ihm das Hütchen vom Kopf weit weg, daß Kürdchen nachlaufen mußte: und als er wiederkam, hatte sie längst ihr Haar zurecht, und es konnte keins davon erwischen: und so hüteten sie die Gänse, bis es Abend ward.

Abends aber, nachdem sie heimgekommen waren, ging Kürdchen vor den alten König und sagte: „Mit dem Mädchen will

ich nicht länger Gänse hüten." "Warum denn?" fragte der alte
König: "Ei, das ärgert mich den ganzen Tag." Da befahl ihm
der alte König zu erzählen, wie's ihm denn mit ihr ginge. Da
sagte Kürdchen: "Morgens, wenn wir unter dem finstern Tor
mit der Herde durchkommen, so ist da ein Gaulskopf an der
Wand, zu dem redet sie:

" ,Falada, da du hangest',

da antwortet der Kopf:

,O du Königsjungfer, da du gangest,
wenn das deine Mutter wüßte,
das Herz tät ihr zerspringen.' "

Und so erzählte Kürdchen weiter, was auf der Gänsewiese geschähe und wie es da dem Hut im Winde nachlaufen müßte.

Ein uns vertrautes Thema tritt hier hervor: Übles führt zu
Gutem. Kürdchen verklagt die Gänsemagd, er will sie schädigen, aber gerade das zwingt die gute Wendung herbei; denn
der alte König merkt etwas und beginnt die Gänsemagd auszufragen. Als sie nun von ihrem Eide spricht, der ihr verbiete,
Auskunft zu geben, sagt der König: "Wenn du mir nichts
sagen willst, so klag dem Eisenofen da dein Leid." Und jetzt
kommt alles an den Tag, die falsche Braut wird dazu gebracht,
sich ihr eigenes Urteil zu sprechen, der junge König aber "vermählte sich mit seiner rechten Gemahlin, und beide beherrschten ihr Reich in Frieden und Seligkeit".
Was sprach die falsche Braut, als ihr der alte König ihr eigenes
Verbrechen mit allen Einzelheiten, in Form eines Rätsels, vorgelegt hatte?

*"Die ist nichts Besseres wert, als daß sie splitternackt ausgezogen und in ein Faß gesteckt wird, das inwendig mit spitzen
Nägeln beschlagen ist: und zwei weiße Pferde müssen vorgespannt werden, die sie Gasse auf Gasse ab zu Tode schleifen."
"Das bist du", sprach der alte König, "und hast dein eigen
Urteil gefunden, und danach soll dir widerfahren."*

In der Wirklichkeit wäre es undenkbar, daß die Angesprochene
bei so genauer Spezialisierung nicht merkt, worum es geht,

um ihre eigene Sache nämlich, um ihren eigenen Hals. Hier wird deutlich, daß das Volksmärchen zwar manche realistische Züge hat, im ganzen aber keine realistische Erzählung ist, sondern eine symbolische. Warum legt es solchen Wert darauf, daß die verbrecherische Kammerjungfer sich ihr eigenes Urteil spricht? Weil es den Glauben und die Hoffnung hat, daß das Böse an sich selber zugrunde gehe. Es läßt die Hexe in „Hänsel und Gretel" in ihrem eigenen Ofen und durch die eigene Methode umkommen, in der französischen Dornröschen-Erzählung, in Perraults „La belle au bois dormant" also, stürzt sich die böse Königin selber in den mit Schlangen gefüllten Bottich, den sie für ihre unschuldige Schwiegertochter hat bereitstellen lassen, in manchen Erzählungen kann der Unhold nur durch sein eigenes Schwert getötet werden, und immer wieder lassen unsere Märchen den Bösewicht oder die Unholdin sich ihr eigenes Urteil sprechen und geben uns so ein Bild der Selbstverzehrung des Bösen. Nicht Wirklichkeitsschau, sondern Wesensschau ist das Eigentliche, was die Volksmärchen uns schenken. Da liegt es denn nahe, auch das immer wiederkehrende Motiv von der falschen Braut symbolisch zu verstehen. Wohl spiegelt es Wirklichkeit: daß ein Jüngling sich die Falsche zur Braut nimmt, kommt ebenso häufig vor wie das Entsprechende, daß ein Mädchen nicht den richtigen Jüngling bekommt. Allein das Märchen spricht weit öfter von einer falschen Braut als von einem falschen Bräutigam. Schon das weist auf sinnbildliche Bedeutung hin, die wir im Gesamtgefüge des Märchens ohnehin vermuten. In der psychologisch-anthropologischen Sicht der Schule Carl Gustav Jungs, die im Märchen wesentlich die Spiegelung innerseelischer Prozesse sieht, wird die Vermählung mit einer falschen Braut so gedeutet: Ein Scheinwert gewinnt Macht über uns, eine falsche Einstellung setzt sich für eine Weile durch, der Kern der Persönlichkeit wird verdunkelt, aber das Märchen führt uns vor, wie sie am Ende wieder in ihre Rechte tritt. Wenn irgendwo, so ist hier solche Deutung überzeugend. Die Zuwendung zu einer illegitimen Braut spiegelt die Zuwendung der Seele zu einem illegitimen Wert, das Königliche in ihr wird vernachlässigt. „Dies schöne Märchen", sagt Wilhelm Grimm, „stellt die Hoheit der selbst in Knechtsgestalt aufrecht stehenden königlichen Geburt mit desto tieferen Zügen vor, je einfacher sie sind." Hoheit in Knechtsgestalt — wir erinnern uns an Shakespeares Wort, daß in jedem von uns Königliches da sei. Wir erniedrigen es oft zu Knechtsdiensten. Hoheit in Knechtsgestalt — das ist der Kern so vieler Volksmärchen, und ist der Kern insbesondere des Märchens von der Gänsemagd. Das Königliche in uns kann schwach und blutlos werden; die Prinzessin bezähmt ihren Durst nicht — darin ähnelt unsere Geschichte der von Brüderchen und Schwesterchen — immer wieder beugt sie sich über ein Wasser, um zu trinken, und dabei verliert sie ihre wahre Kraft, so wie in jenem anderen Märchen Brüderchen seine wahre Gestalt verliert und zu einem Reh wird, als es seinen Durst nicht mehr bezwingen kann. In altem Zauberglauben gilt das Blut mehr noch denn andere Körpersäfte als Träger des Lebens — im Glasperlenspiel des Märchens spürt man wenig mehr von magischer Gewalt, das Motiv der sprechenden Blutstropfen ist wie das des sprechenden Pferdekopfes zu einem bloßen Erzählelement geworden. Aber Erzählelemente tragen nicht nur die Handlung, sie wirken auch als Sinnträger: Mit dem Verlust der Blutstropfen und des edlen Pferdes verliert die Prinzessin einen Teil ihrer Kraft; eine Zeit des Darbens und Reifens setzt ein, nur heimlich darf sie ihr goldenes Haar lösen und ihre Macht über den Wind ausüben. Im Drachentötermärchen sehen wir das Leiden der von einem falschen Partner bedrohten Prinzessin nicht, ein ganzes Jahr wird von der Erzählung überhüpft, hier aber, in der „Gänsemagd", ist gerade dieser Teil, die Geschichte des Darbens, der eindrücklichste des Ganzen. Um so befreiender und beglückender wirkt die Schlußwendung, welche die Prinzessin wieder königlich einkleidet und sie dem ihr bestimmten Prinzen vermählt. Der Schein zerstiebt, der Mensch findet zum Wesentlichen hin — dies ist die Entwicklung, die das Märchen seinen Hörern vorzeichnet, hoffend, daß solches auch in der Wirklichkeit sich ereigne. Märchen sind Leitbilder.

Ein verschlungeneres Spiel als in der Geschichte von der Gänsemagd sehen wir in jener von der Jungfrau Maleen. Die Erzählung ist ganz anders angelegt, keine falsche Dienerin greift ein, Prinzessin und Prinz lieben einander seit langem, aber ihre Eltern lassen sie nicht zueinander kommen. Der Vater

Maleens — der Name ist aus Maria Magdalena zusammengezogen — schließt sie in einen Turm ein, der Vater des Prinzen bestimmt diesem eine andere Braut, „die ebenso häßlich von Angesicht als bös von Herzen war". Aber wieder wendet sich Böses zu Gutem: Der finstere Turm ist für die Jungfrau Maleen sieben Jahre lang nicht nur Gefängnis, sondern auch Schutz: Denn inzwischen verwüsten Feinde das Land und erschlagen alle Einwohner. Als die Jungfrau Maleen nach sieben Jahren, da die Lebensmittel ausgehen, aus dem Turme ausbricht, tritt sie in eine Öde, muß auf langer Wanderung sich von Brennesseln ernähren und wird schließlich von einem Koch als Aschenputtel angenommen. Trotz dem ganz anderen Charakter der Erzählung also auch in ihr eine lange Zeit des Darbens: die offenbar als wesentlicher Teil der menschlichen Entwicklung empfunden wird. Hier sind es drei Stufen: verschlossen im finsteren Turm, oder, in den meisten anderen Varianten, in einem unterirdischen Gewölbe — dann langes Wandern mit Brennesseln als einziger Nahrung — schließlich niedrige Dienste als Aschenputtel. Die Stufung legt es nahe, von einem Reifeprozeß zu sprechen. Und nun erfolgt die Wendung. Denn es ist die Küche des Königs, in der die Jungfrau Maleen dient, und da die böse Braut sich scheut, ihre Häßlichkeit offenbar werden zu lassen, zwingt sie die sich sträubende Jungfrau Maleen, auf dem Kirchgang die Rolle der Braut zu spielen.

„Wenn du mir nicht gehorchst, so kostet es dir dein Leben: ich brauche nur ein Wort zu sagen, so wird dir der Kopf vor die Füße gelegt." Da mußte sie gehorchen und die prächtigen Kleider der Braut samt ihrem Schmuck anlegen. Als sie in den königlichen Saal eintrat, erstaunten alle über ihre große Schönheit, und der König sagte zu seinem Sohn: „Das ist die Braut, die ich dir ausgewählt habe und die du zur Kirche führen sollst." Der Bräutigam erstaunte und dachte: „Sie gleicht meiner Jungfrau Maleen, und ich würde glauben, sie wäre es selbst, aber die sitzt schon lange im Turm gefangen oder ist tot." Er nahm sie an der Hand und führte sie zur Kirche. An dem Wege stand ein Brennesselbusch, da sprach sie:

> „Brennettelbusch,
> Brennettelbusch so klene,
> wat steist du hier allene?
> Ik hef de Tyt geweten,
> da hef ik dy ungesaden
> ungebraden eten."

„Was sprichst du da?" fragte der Königssohn. „Nichts", antwortete sie, „ich dachte nur an die Jungfrau Maleen." Er verwunderte sich, daß sie von ihr wußte, schwieg aber still. Als sie an den Steg vor dem Kirchhof kamen, sprach sie:

> „Karkenstegels, brik nich,
> bün de rechte Brut nich."

„Was sprichst du da?" fragte der Königssohn. „Nichts", antwortete sie, ich dachte nur an die Jungfrau Maleen." „Kennst du die Jungfrau Maleen?" „Nein", antwortete sie, „wie sollt ich sie kennen, ich habe nur von ihr gehört." Als sie an die Kirchtüre kamen, sprach sie abermals:

> „Karkendär, brik nich,
> bün de rechte Brut nich."

„Was sprichst du da?" fragte er. „Ach", antwortete sie, „ich habe nur an die Jungfrau Maleen gedacht. „Da zog er ein kostbares Geschmeide hervor, legte es ihr an den Hals und hakte die Kettenringe ineinander. Darauf traten sie in die Kirche, und der Priester legte vor dem Altar ihre Hände ineinander und vermählte sie.

Alles ist wie auf den Kopf gestellt. In der „Gänsemagd" beraubt die Kammerjungfer die Prinzessin ihrer königlichen Kleider und stößt sie aus der Rolle der Braut hinaus, hier werden der Prinzessin die prächtigen Kleider aufgedrängt, sie wird in die Rolle der Braut hineingezwungen. Und nun hebt das subtile Spiel an: „Ich bin die rechte Braut nicht", sagt sie, und juristisch ist das die Wahrheit, aber im tiefern Sinn ist sie doch die rechte Braut, das wird schließlich offenbar. Die andere, die von nun an die falsche Braut genannt wird, erleidet genau das Schicksal, das sie der Jungfrau Maleen zugedacht hatte, es wird ihr der Kopf abgeschlagen. So geht auch hier das Böse an sich selber zugrunde: Die üble Braut selber sabotiert ihre eigene Trauung, sie selber schiebt eine andere in die Rolle der Braut, und das Unheil, das sie dieser andern bestimmt hatte, kommt schließlich über sie. Es gibt andere Fassungen, die realistisch stärker überzeugen: Nicht für den Kirchgang, sondern für die Hochzeitsnacht sucht die Dunkelfigur eine Stellvertreterin, denn sie ist nicht mehr Jungfrau. Aber diese vermutlich älteren Versionen sind deswegen doch nicht bessere Versionen: Die Grimmsche Erzählung erreicht das Irreale des Märchenstils, die spezielle Realistik schwindet, aber eben deshalb wird die Geschichte durchscheinend, eben deshalb wird sie nicht als realistischer Bericht genommen, sondern als symbolische Erzählung.

Noch deutlicher ist die Symbolik bei den Märchen von Tierkindern und vom Tiergemahl oder Tierbräutigam.

Es war einmal ein Bauer, der hatte Geld und Gut genug, aber wie reich er war, so fehlte doch etwas an seinem Glück: er hatte mit seiner Frau keine Kinder. Öfters, wenn er mit den andern Bauern in die Stadt ging, spotteten sie und fragten, warum er keine Kinder hätte. Da ward er endlich zornig, und als er nach Haus kam, sprach er: „Ich will ein Kind haben, und sollts ein Igel sein." Da kriegte seine Frau ein Kind, das war oben ein Igel und unten ein Junge.

Die Eltern erschrecken über die Mißgeburt und wollen sie loswerden; Hans mein Igel — so wird das Kind getauft — wandert in die Welt hinaus ebenso wie in einer anderen Grimmschen Erzählung das Eselein oder in Josef Haltrichs Siebenbürgischen Märchen das Borstenkind. Alle drei aber erlangen schließlich eine Königstochter, und nach der Vermählung dürfen sie die Tierhaut ablegen und zu schönen Jünglingen werden. Das Schockierende, daß ein Igel oder Schweinchen Anspruch macht gerade auf die Königstochter, kommt im Siebenbürgischen besonders hübsch zum Ausdruck:

Da geschah es, daß eines Abends die beiden Eheleute untereinander sprachen: Der König habe ausgeschrieben, er wolle seine einzige Tochter nur dem zum Weibe geben, der drei Auf-

gaben löse; aber noch habe kein Königssohn die Aufgaben lösen können. Siehe, da richtete sich plötzlich ihr Borstenkind pfeilgerade empor und sprach: „Vater, führet mich zum König und verlangt für mich seine Tochter!" Der Mann aber erschrak über diese Kühnheit so sehr, daß ihm der Atem eine Zeitlang stehenblieb. „Wo denkst du hin, mein Sohn, was würde mir der König tun, wenn ich es wagte, so ein Verlangen zu stellen!" Aber das Borstenkind ließ nicht ab und schrie und grunzte dem Manne tagtäglich in die Ohren: „Vater, kommt zum König, ich kann das nicht länger aushalten, kommt nur, es wird Euch nichts geschehen!"

Und siehe, das Borstenkind löst die unlösbaren Aufgaben, es läßt des Königs Schloß zu Silber werden, gegenüber eines von Gold erstehen und zwischen beiden eine Brücke von Diamantkristall — da kann ihm der König die Hand seiner Tochter nicht mehr verweigern. Gerade der Abnorme, der Gezeichnete, Ausgestoßene hat übernatürliche Kräfte in sich, gerade er ist zum Königtum berufen, gerade er erweist sich als Begnadeter. Bekannter noch ist die Erzählung vom **Tierbräutigam** oder **Tiergemahl**, von der schon in unserem ersten Kapitel die Rede war: Ein Reisender hat einem Löwen oder Bären oder einem anderen Untier seine Tochter versprechen müssen; erst sträubt sie sich, ihn zu heiraten, aber als sie es schließlich über sich bringt und ihm ihre Liebe zuwendet, da verwandelt er sich in einen Prinzen — auch hier war die äußere Erscheinung täuschender Schein. Das Wesen aber, die Lichtgestalt offenbart sich erst, nachdem der Partner sich überwunden, nachdem er dem andern, dem Du, trotz dessen erschreckender Gestalt sich zugewendet. Die Spuren dieses Märchens sind schon in des Apulejus Erzählung von Amor und Psyche da, in der Antike also; später, im 18. Jahrhundert, ist es durch das Buch der Mme Leprince de Beaumont unter dem Titel „La belle et la bête" bekannt geworden, und in unserer Zeit durch Cocteaus gleichnamigen Film. In der Erzählung der Französin geschieht die erlösende Verwandlung in dem Augenblick, als die Kaufmannstochter das wie tot daliegende Untier beklagt und es ins Leben zurückzurufen sich bemüht; in einer englischen Volkserzählung des 19. Jahrhunderts genügt es, daß das Mädchen — auch hier ist es, wie in vielen dieser Erzählungen, die Tochter eines Kaufmanns — den großen Hund, bei dem sie lebt, nicht mehr „den großen häßlichen Hund mit den kleinen Zähnen" nennt, sondern ihn liebevoll mit „Süßer als eine Honigwabe" anredet. Im Grimmschen „Froschkönig" geht es weniger sanft zu, da ist vielmehr die geheime Erlösungsbedingung gerade da erfüllt, wo das undankbare Königstöchterlein den garstigen Frosch wütend an die Wand wirft. Wir denken an jene anderen Erzählungen, wo das helfende Tier zum Schluß den Märchenhelden bittet, ihm den Kopf abzuschlagen — erst als dies getan wird, verwandelt sich der helfende Fuchs oder Wolf in einen schönen Prinzen. Dieses Bild hilft jenes aus dem Froschkönig deuten: Nicht die Liebe allein hat verwandelnde Kraft, oft ist auch entschlossenes Zupacken, ist Härte und Treffsicherheit vonnöten, das Niedere zu einem Höheren emporzuheben, aus dem Tier den Prinzen hervortreten zu lassen.

In diesem letzten Kapitel ist eines besonders deutlich geworden: die Symbolik der Märchenerzählung. Wir erinnern uns, daß Novalis die Zuwendung des Mädchens zum häßlichen Untier als liebende Zuwendung der Seele zum Übel in der Welt deutet: „Die Verwandlung des Bären in dem Augenblicke, als der Bär geliebt wurde — vielleicht geschähe eine ähnliche Verwandlung, wenn der Mensch das Übel in der Welt liebgewönne." Aber wir dürfen, mit der Schule des Psychologen Jung, auch an die Begegnung des Bewußtseins mit dem dunkeln Unbewußtsein denken, und zweifellos spiegelt sich auch das ambivalente Verhältnis der Geschlechter in diesen Erzählungen — jedes Symbol ist mehrdeutig, es ist letztlich nie voll auszuschöpfen. Auch von der jahrtausendealten realen Angst des Menschen vor dem wilden Tier ist etwas da in diesen Erzählungen, eine Angst, die mit Ehrfurcht und Staunen gepaart ist. Seit je stand der Mensch befremdet, angsterfüllt, feindlich vor dem Tier und doch auch staunend, fasziniert, sehnsuchtsvoll wie vor einem Göttlichen.

Von selbstverständlicher Symbolik ist auch das Ausharren des Tierprinzen in der Tiergestalt. Erst muß er als Tier auftreten, dann darf er im Dunkel die Tierhaut ablegen, schließlich auch im Lichte als Mensch erscheinen — ist es nicht ganz ähnlich wie in der Geschichte von der Jungfrau Maleen, die zuerst in einem Turm oder in einem unterirdischen Gewölbe verschlossen ist, dann ans Tageslicht tritt, aber zunächst in der Einöde sich von Nesseln nähren und in der Küche als Aschenbrödel dienen muß, ehe ihr Königtum sich offenbaren darf? Und die Gänsemagd muß am Königshof ihre schlechten Kleider tragen, nur draußen vor dem Tor darf sie ihr Goldhaar lösen, bis sie schließlich als echte Braut in prächtigem Kleid an die Seite des Königssohnes tritt. In allen drei Erzählungstypen glaubt man, wie in manchen anderen Märchen auch, das Bild einer seelischen oder geistigen Entwicklung vor sich zu haben. Dem Kinde jedenfalls schenken solche Märchen das Vertrauen, daß Entwicklung, Reifung, Erfüllung im menschlichen Dasein möglich und natürlich und daß der Durchgang durch Entbehrung und Leid in ihr notwendig enthalten sei.

Aber nicht nur die Sinnbildlichkeit des Märchens, auch einige andere seiner Wesenszüge und Eigenarten sind in den Beispielen dieses Kapitels noch einmal ans Licht getreten. Das Eingesperrtsein in den Turm, das Eingesperrtsein in die Tiergestalt ist ein sprechendes Bild für die Isolation des Märchenhelden. In anderen Märchen ist er der Jüngste, der Tölpel oder der Schweinehüter, die Heldin erscheint als Stieftochter, als Aschenputtel oder von ihrem Vater Verfolgte — der Märchenheld ist allein, aber gerade deshalb fähig, die Verbindung zum Wesentlichen aufzunehmen. Es ist ein Menschenbild, das uns aus all diesen Geschichten mit Beharrlichkeit entgegentritt: Der Mensch ein im letzten Isolierter, aber eben deswegen universal Beziehungsfähiger. Gerade der Verstoßene gelangt zum Wesentlichen — das ist kein bloßes Wunschbild, es ist zugleich echte Schau des menschlichen Seins; sie erinnert von ferne an das biblische Bild des reichen Jünglings, der Christus nur nachfolgen kann, wenn er all seinen Reichtum von sich tut.

Im Mittelpunkt unserer letzten Betrachtung stand das große Thema Sein und Schein, das alle Märchen durchdringt. Ihm ordnet sich auch jenes kleinere Thema ein: Übles kann zu Gutem führen; Leid, Verkanntsein, Darben sind nur scheinbar ein Unheil, in Wirklichkeit sind es Stufen auf dem Weg zum Heil. Und selbst böse Anschläge können den Betroffenen fördern statt ihn zu vernichten, während der Bösewicht selber in die

Grube fällt, die er gegraben. Damit ist ein anderes im Märchen überall anzutreffendes Thema genannt: die Selbstverzehrung des Bösen. Und ein weiteres: Der Mensch ist ein Rollenträger. Die Königstochter muß die Rolle der Magd spielen, die Magd usurpiert die Rolle der königlichen Braut, die häßliche Braut überträgt ihre Rolle einer anderen, der Prinz oder das zu königlichem Dasein berufene Kind müssen eine Tierrolle spielen — nicht nur in den Theaterstücken der Barockzeit, auch im einfachen Volksmärchen sind Einsichten der modernen Soziologie vorweggenommen. Demgegenüber treten die Spuren der Auseinandersetzung von Ständen und Klassen zurück. Wenn im Märchen von der Gänsemagd die Kammerjungfer eine häßliche Rolle spielt, so haben wir dies gewiß nicht in erster Linie als eine Kritik der Oberschicht am dienenden Stande zu verstehen. Und wenn Aschenputtel zur Königsbraut wird, so mag da wohl der Wunschtraum der Erniedrigten und Beleidigten mitspielen; aber das steht am Rande, wesentlich bleibt das Allgemeinmenschliche, die Berufung der Seele zu königlicher Entfaltung, zu einem hohen Dasein.

Nachweis der Zitate:
„Die Gänsemagd" KHM 89, ATh 533. Heines Verse stehen in „Deutschland, ein Wintermärchen" (1844), Kaput 14. — „Jungfrau Maleen" KHM 198, ATh 870. — „Hans mein Igel" KHM 108. „Das Borstenkind" bei Josef Haltrich, Deutsche Volksmärchen aus ... Siebenbürgen, Berlin 1856, München 1956, Bukarest 1972. ATh 441. — Das englische Märchen „Der Hund mit den kleinen Zähnen" in den Europäischen Volksmärchen, Zürich 1951 u. ö. — Zum Novalis-Zitat s. oben S. 13, 19.

Literatur:
Über den Märchentyp vom Tierbräutigam (Tiergemahl), der in der Antike durch Apuleius' Erzählung „Amor und Psyche" (um 150 n. Chr.) vertreten ist, orientiert am umfassendsten Jan Öjvind Swahn, The Tale of Cupid and Psyche (Aarne-Thompson 425—428), Lund 1955; wertvoll ist Georgios A. Megas' Spezialuntersuchung Das Märchen von Amor und Psyche in der griechischen Volksüberlieferung (Aarne-Thompson 425, 428 und 432), Athen 1971 (Grundlage: fast 500 verschiedene Versionen!). — Unter dem Titel Ein Beitrag zur seelischen Entwicklung des Weiblichen gibt Erich Neumann einen ausführlichen Kommentar vom Standpunkt der Jungschen

Psychologie aus (im Anhang zu Albrecht Schaeffers Übersetzung von Apuleius' Amor und Psyche, Zürich 1957). — Aufsätze verschiedener Forscher enthält Bd. 126 der Wege der Forschung: Amor und Psyche, hrsg. von G. Binder und R. Merkelbach, Darmstadt 1968. — Zur „Jungfrau Maleen" vgl. Waldemar Liungmann, En traditionsstudie över sagan om prinzessin i jordkulan, Göteborg 1925, und E. Marold, Die Königstochter im Erdhügel, in: Festschrift für Otto Höfler, Wien 1968. Vladimir Jakovlevič Propp, Le radici storiche dei racconti di fate, Torino 1949, Neudruck 1972 (Übersetzung des russischen Originals von 1946) enthält einen Abschnitt über La reclusione della fanciulla (S. 64—68, vgl. 68—72 und 57—64).

Buchveröffentlichungen Max Lüthis

Die Gabe im Märchen und in der Sage. Ein Beitrag zur Wesenserfassung und Wesensscheidung der beiden Formen. Bern: Francke 1943.

Das europäische Volksmärchen. Form und Wesen. Eine literaturwissenschaftliche Darstellung. Bern: Francke 1947, ^{8}1985. Übersetzt ins Japanische, Italienische und Englische.

Shakespeares Dramen. Berlin: de Gruyter 1957, ^{2}1966.

Volksmärchen und Volkssage. Zwei Grundformen erzählender Dichtung. Bern/München: Francke 1961, ^{3}1975.

Märchen. Stuttgart: Metzler 1962, ^{7}1979.

Es war einmal ... Vom Wesen des Volksmärchens. Göttingen: Vandenhoeck & Ruprecht 1962, ^{5}1977. Übersetzt ins Englische und Japanische.

Shakespeare. Dichter des Wirklichen und des Nichtwirklichen. Bern/München: Francke 1964.

So leben Sie noch heute. Betrachtungen zum Volksmärchen. Göttingen: Vandenhoeck & Ruprecht 1969, ^{3}1989. Übersetzt ins Japanische.

Volksliteratur und Hochliteratur. Menschenbild, Thematik, Formstreben. Bern/München: Francke 1970.

Das Volksmärchen als Dichtung. Ästhetik und Anthropologie. Düsseldorf/Köln: Diederichs 1975. Übersetzt ins Englische und Japanische.